注目企業の実例から学ぶ

パワポ作成術

2万枚以上の企業パワポを研究してきた パワポ研

JN039231

KADOKAWA

CONTENTS

Chapter 1
企業パワポ 作成テクニック

Chapter 2
注目企業パワポ 「パーツ」別紹介

メッセージを最大限に伝えられるスライドとは——52

Chapter 3
注目企業パワポ 「色」別紹介

パワーポイント資料作成における 色使いのポイント——150

Chapter 4
パワポ資料「ストーリー」の作り方

Column

・本書では、TM、©、®などのマークは明記していません。
・本書に記載した会社名、製品名は、各社の商標、または登録商標です。
　また、掲載されている意匠は各社に帰属します。
・本書によって生じたいかなる損害についても、著者ならびに(株)KADO
　KAWAは責任を負いかねますので、あらかじめご了承ください。
・本書の内容は、2023年1月現在のものです。

デザイン　吉村 亮、石井志歩（Yoshi-des.）
DTP　　　（有）エヴリ・シンク　阪口雅巳
校正　　　みね工房
編集協力　飯田みか
編集　　　仲田恵理子

パワポ資料を作る人のために

見た目が
パッとしない
気がする

組み立てに
時間が
かかっちゃって

文字ばかりで
イマイチな印象に
なってしまった

一流パワポ資料の実例を見て
その魅力の秘訣を知ろう

Prologue

美しい「企業パワポ」6選

パッと見た目に美しく、なおかつ機能性も十分な、
魅力あるパワーポイント資料を作っている企業があります。
ここでは選りすぐりの6社の例を紹介しましょう。
実際にそのスライドを作った企業のコメントも収録しています。

個々のスライドが高い完成度を誇る

▶▶ **株式会社グッドパッチ**

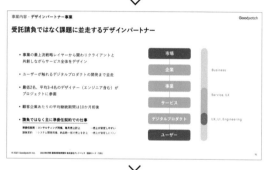

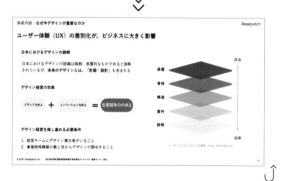

 ## ここが魅力！

　ほとんどのスライドでタイトルとメッセージがスライド上部に記載され、その下にメッセージを支えるコンテンツが配されています。過度な派手さや奇抜さとは無縁の完成度が高いスライドが淡々と何枚も連なった結果、一つの読みやすい資料になっています。

　スライドの完成度を論じる指標には色々ありますが、

おそらく多くの人に共通するのは「理解しやすさ」でしょう。一方、見逃されがちな指標が「作りやすさ」です。作りにくい資料は、時に理解しやすさからも遠ざかります。同じフォーマットのスライドが多いことで、前者のみならず、後者も達成できるということが、この資料から分かります。

「デザインの力を証明する」をミッションに掲げ、ビジネスの課題をデザインで解決するデザインカンパニー。「ハートを揺さぶるデザインで世界を前進させる」というビジョンのもと、UI/UXデザインを強みとした新規事業の立ち上げや、企業のデザイン戦略の立案、デザイン組織構築の支援などをおこなっている。

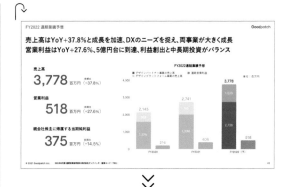

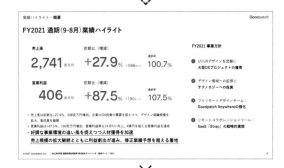

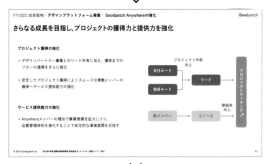

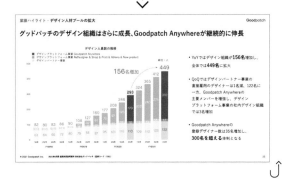

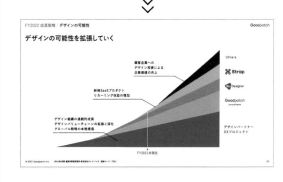

企業の
コメント

田中凱庸
（管理部 IR）

Kai Qin
（BXデザイナー）

駒田六花
（UIデザイナー）

IR資料は会社と世界を繋ぐコミュニケーションツールであり、グッドパッチを知らない方にもファンになっていただくきっかけとなるものと考えています。デザインでは、読者にとっての「分かりやすさ」と「読みやすさ」、発表時の「話しやすさ」と「長期的な作りやすさ」を重視しています。全体を通して統一感が保たれるようにルールを決めて各スライドの情報を見比べやすくしたり、複数部署の多角的な視点で分かりやすくまとまっているか判断するなど、情報をデザインによって分かりやすく届けることを意識しています。

大きな文字が分かりやすさに直結

▶▶ 株式会社GA technologies

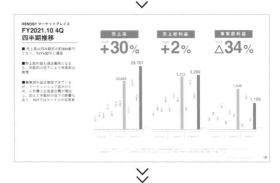

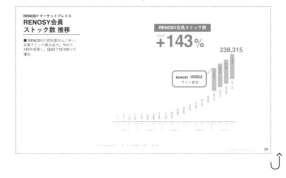

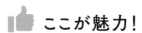 ## ここが魅力！

　資料全体を見て誰もが感じるのは、文字が大きいということでしょう。ここでは12枚のスライドを並べたため、一枚一枚をあまり大きく掲載できませんが、それでも全スライドから存在感のある文字が浮かび上がってきます。大きな画面でなく紙媒体でも、パラパラとめくれば、受け取るべき情報が自ずと頭に残るでしょう。文字を大きくすると品がなくなる場合がありますが、この資料は絶妙なバランスを保っています。

　特筆すべきは文字の大きさだけではありません。グラフなどもハイライトが濃淡で上手に表現され、細かく読み取らずとも強調されているポイントや傾向が把握できます。実に受け手フレンドリーな資料です。

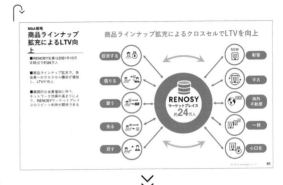

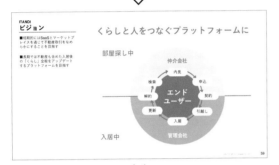
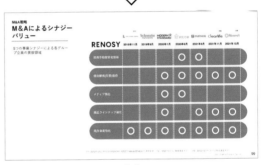

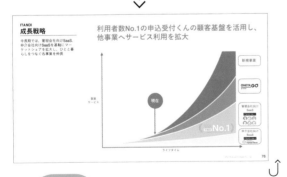
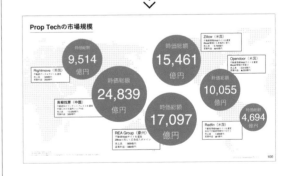

「テクノロジー×イノベーションで、人々に感動を生む世界のトップ企業を創る。」を理念に掲げ、不動産ビジネスの変革に取り組む不動産DX企業です。テクノロジーを活用して、ネット不動産マーケットプレイス「RENOSY」の運営や、不動産DXプロダクトの提供をおこなっています。

企業のコメント

Management
Strategy Division
（経営戦略本部）

渡辺聡子（IR部長）

川村佳央
（執行役員
Chief Communication Officer）

IRは社内と社外ステークホルダーの間に立ち、双方の考えを取り持つ役割のため、資料作成においては経営と密なディスカッションを実施し、経営の意思を最大限取り入れつつ、株式市場からの意見や要望も考慮し作成しています。また、会社の企業価値や成長性をステークホルダーに訴求するにあたり、スライドは有効なコミュニケーションツールのため、メッセージが正しく伝わるよう社内デザイナーによるスライドテンプレートの作成、ガイドライン設定等、デザインにおいても視認性の良い資料となるよう心がけています。

コーポレートカラーで思いを伝える

▶▶ 株式会社SHIFT

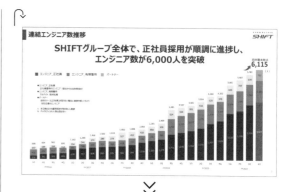

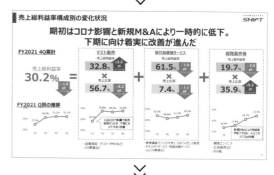

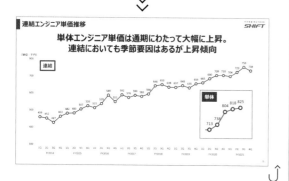

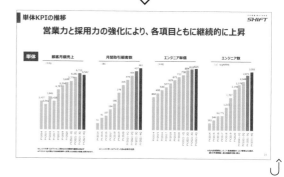

👍 ここが魅力！

　SHIFT社のホームページを見ると、コーポレートカラーの赤は〈国内外問わずソフトウェアのテスト・品質保証業界におけるリーディングカンパニーとなるべく、邁進する日々の情熱と、かつてものづくりにおいて世界を圧倒させた「Made in Japan」品質をソフトウェアを通して、もう一度世界へ発信するという

確固たる誓い〉を表現していると記されています。
　赤は資料のテーマカラーとして採用されることが珍しく、また使いこなすことが難しい色ですが、この資料は赤が効果的・印象的に使われています。情報量が多いスライドでもメリハリがあり、無理なく読み解くことができます。

Company Details

優秀な人材の積極採用や仕組み化された営業体制を強みとし、金融や流通、小売からエンターテインメントまで、幅広い業界を対象に、ソフトウェアの品質保証・テストを中心に事業展開。また、「お客様の売れるサービスづくり」に向け、積極的なM&A活動を通じてSHIFTグループに参画したグループ会社とともにITの総合ソリューションも提供する。

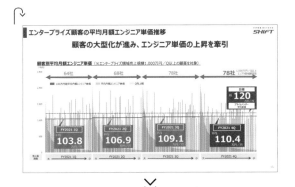

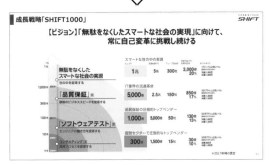

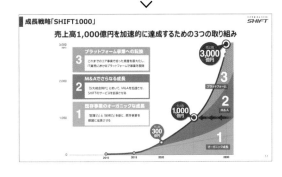

企業のコメント

菅原要介
（上席執行役員 兼
人事本部 本部長）

決算資料はプレゼン資料と読み物、相反する用途で活用できることを心がけています。投資家はもとより従業員やその家族、採用候補者など様々な人に見ていただくことも意識し、「楽しそうな会社」「入社してよかった」などと鼓舞できるように努めています。そのために「いいこと」は謙遜せず、しっかりとアピールします。戦略を説明するページは、ビジネス構造を視覚的に示しながらも定量的な情報を入れるように、将来像を表現するページは、代表丹下や我々経営層の考え方を直感的に伝えられるようにするなど工夫しています。

高級感＋情報量で納得させる

▶▶ 株式会社サーキュレーション

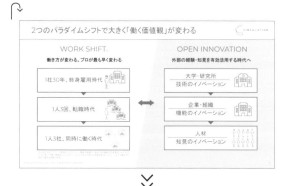

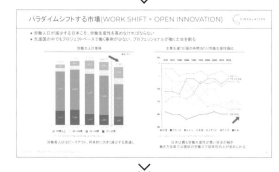

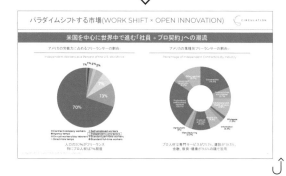

 ## ここが魅力！

　ご覧の通り、サーキュレーション社の資料は、個々のスライドでフォーマットが大きく異なるように見えます。グラフを2種類並べるスライド、相関図に近い形でビジネスモデルを説明するスライド、サマリのように文字が中心のスライドなど、フォーマットがほぼ全て異なります。伝えたいコンテンツを表すために、

個々に最適な様式を模索した結果でしょう。いずれのスライドも、情報を十分に盛り込んだ上で、受け手に分かりやすく伝えるための様式が選ばれています。

　それでいて、突飛な構造のスライドではないため、受け手は違和感なく内容を理解できます。資料全体に高級感があり、かつ十分な情報量で説得力があります。

「世界中の経験・知見が循環する社会の創造」をビジョンに掲げ、プロの経験・知見を複数の企業でシェアしながら、経営課題を解決するプロシェアリング事業を運営する企業。様々な分野の20,000名以上のプロフェッショナルの情報と、約10,000件のプロジェクト実績に基づくデータベースを保有している。

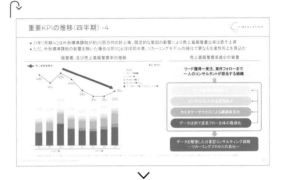

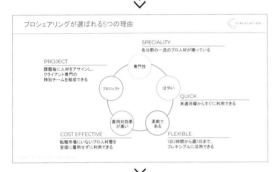

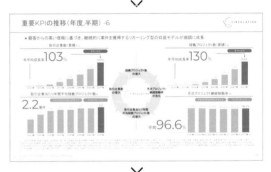

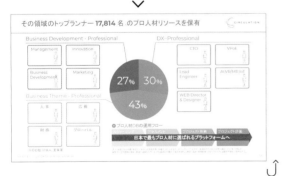

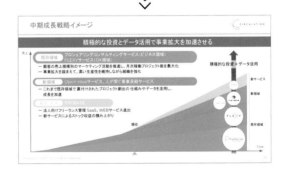

企業の
コメント

斎藤丈史
(事業企画チーム)

「ボリュームのある伸びしろ十分なマーケットでビジネスをしていて、競争優位性もあり、かつ儲かる仕組みがしっかり構築されている会社だなあ」という読後感を抱いてもらえるスライド作りを意識しています。良い資料は見た目もそうですが、なにより投資家の方々が投資判断に必要な情報が盛り込まれていることが前提だと思っています。収益シミュレーションのパラメータとなるKPIが提示されているか、どのような事業活動をやっているか等、定量・定性それぞれのデータをバランス良く盛り込むようにしています。

あえて情報を絞り込む潔さ

▶▶ 株式会社サイバーエージェント

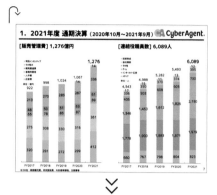

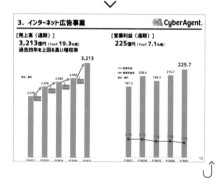

 ここが魅力！

「1スライド1メッセージ」はパワポ資料作成の基本ですが、日本のビジネスシーンでは一枚のスライドに幾つものメッセージが込められ、更にそれをサポートする情報がこれでもかと詰まった資料がしばしば見られます（メッセージに繋がりすらしない情報が掲載されていることもあります）。

　サイバーエージェント社の資料はそれとは真逆で、情報をあえて絞り込み、メッセージを直接的かつ分かりやすくサポートする情報のみを載せています。あれもこれもと載せたくなる情報を切り捨てるのは、実は情報を集めたり載せたりすることよりもはるかに難しいのですが、資料全体で見事にそれを実現しています。

「21世紀を代表する会社を創る」をビジョンに掲げ、新しい未来のテレビ「ABEMA」の運営や国内トップシェアを誇るインターネット広告事業、ゲーム事業など、ITを主軸にしたビジネスを多角的に展開する企業。インターネット産業の変化に合わせて、新規事業を生み出しながら事業拡大を続けている。

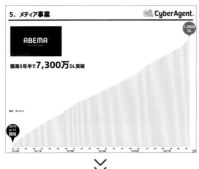

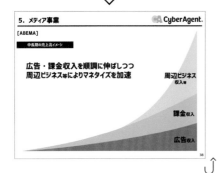

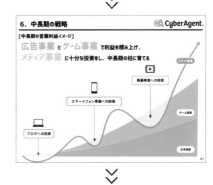

企業のコメント

宮川園子
（IRSR室 室長）

投資家や株主の方々は多くの企業の決算資料をご覧になるという前提で、1スライドに記載する内容を極力シンプルにするよう心がけています。また、冒頭の連結業績はコーポレートカラーのグリーンを使い、事業ごとにグラフの色を分けることで、資料の目次的な役割を持たせ、表紙のデザインを毎四半期変えることでどの季節の決算だったのかを想起しやすいようにしました。テキストのフォントは、注力しているサービスロゴと雰囲気を踏襲することで、オリジナルなコーポレートのイメージをお伝えできればと考えています。

ツートンカラーのお手本

▸▸ **株式会社マネーフォワード**

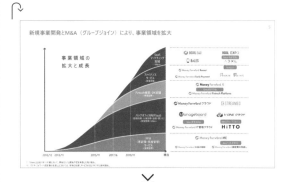

 ## ここが魅力！

　ビジネスシーンでは、ほとんどの資料で一つのテーマカラー（たいていはコーポレートカラー）が使われています。しかし、このマネーフォワード社のように、二つの色を効果的に用いることができれば、画面がより華やかになるだけでなく、コントラストがはっきりして、よりメリハリの利いた資料になります。色が多くなると画面が散らかることもありますが、このように上手に配色すれば、メリットこそあれ、デメリットは全く感じられません。

　中心とする色はコーポレートカラーであるオレンジですが、差し色としてブルーを採用しています。お互いを引き立てる、上手な組み合わせです。

「お金を前へ。人生をもっと前へ。」をミッションに掲げ、PFMサービスおよびクラウドサービスを開発する企業。個人向けの資産管理・家計管理ツール「マネーフォワード ME」や、法人・個人事業主向けの「マネーフォワード クラウド」などを提供している。

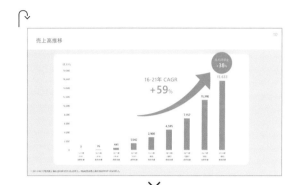

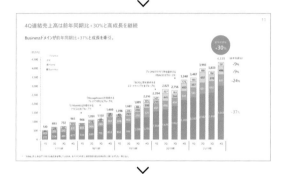

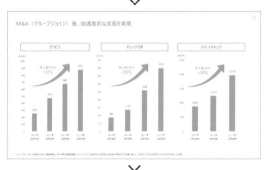

**企業の
コメント**

本木雅朗
（経営企画本部）

IR資料作成には、主に三つのポイントを意識しています。まず、当社の概況や今回の決算におけるポイントが分かりやすいようサマリスライドを作成し、資料全体のストーリーもそれに一貫するようにすることで、重要なポイントをしっかり伝えるよう心がけています。また、1スライドで伝えたいメッセージを一つに絞り、読者がスッと理解できるよう心がけています。最後にトンマナについて、資料全体を通して、カラーを多用しすぎない、フォントを揃える、記号の意味を揃えるなど基本的なことを徹底するようにしています。

タイトルを縦に配置

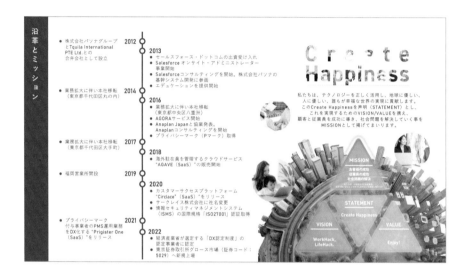

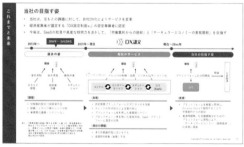

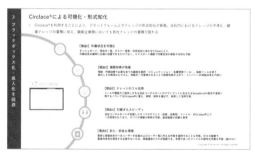

通常はスライドの最上部にあるタイトルやセグメント（章）を左端に配しています。ボディは横書きですが、左端の部分は縦書きでメリハリがあります。

企業パワポ
作成テクニック

見た目に美しく、機能的でもあるパワーポイント資料を作るコツは何でしょうか。
ここではパワポ資料を作らなければならない人のために、
「基本的な考え方」「作成の手順」「その他のテクニック」などを伝授します。

あなたが作りたいパワポは 「インパクト型」？「コンテンツ型」？

ビジネスシーンで使われるプレゼン用パワーポイント資料を、
大きく「インパクト型」と「コンテンツ型」に分けて考えます。
作成に着手する前に、自分がどちらのタイプを作りたいのかを
明確に自覚しておきましょう。

どちらの型も目的は「トークの補完」

プレゼンで使うパワポ資料

「パワーポイント資料」と一口に言っても、「プレゼンテーションの場で理解してもらうための資料」と「後でじっくり読ませるための資料」とでは本質的な目的が違います。そして目的が違えば、デザインなどの見せ方も変わります。

もし、どちらのタイプの資料を作るかを自覚せずに作成に着手してしまうと、必要以上に時間を要することになるでしょう。

本書では「プレゼン用」の資料としてのパワポを紹介・解説していきます。

プレゼンで使うパワポは「話したいことを補完する」ためのものです。全てを口頭で説明するよりも相手の納得感を向上させるために、ビジュアルを利用するわけです。

ところがプレゼン用のパワポを作っていたはずなのに、いつのまにか重厚長大な資料に

なっていて、喋（しゃべ）るのも理解するのも一苦労なものになってしまった、という経験はないでしょうか。たいていの場合、それは「もっと情報を詰めた方がよい」「こうすれば見栄えが良くなる」という方向の先にある、「保存して、ずっと使われるような資料を作ろう」という考えに原因は集約されます。

けれども、プレゼン用のパワポは、あくまでもプレゼン用。「自分の話したいことを補完する」ためだという目的を忘れずに作らなければ、おかしくなってしまいます。

インパクト型とコンテンツ型

「話したいことを補完する」のがプレゼン用パワポですが、本書ではそれを更にインパクト型とコンテンツ型の二つのタイプに分けて考えます。

具体例を見ながら、それぞれの特徴を押さえていきましょう。

インパクト型

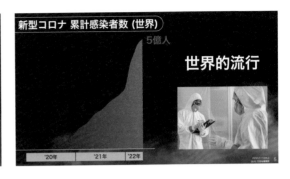

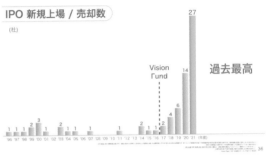

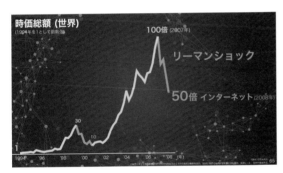

上のスライドは、ソフトバンクグループ（株）のパワポ資料（2022年3月期決算説明会）の一部です。
「大人数を前にした投影型プレゼン」に適した資料で、インパクト型です。
「〈トーク〉や〈対話〉のサポートに特化している」と言えるでしょう。

インパクト型パワポの特徴

- 文字が大きく、一枚あたりの情報量が少ないので、見た瞬間に頭に入る。

- 図がシンプルで、直感的にスライドの意図を理解しやすい。

- 細かい説明がほとんどないだけに、逆に詳細を知りたくなる。

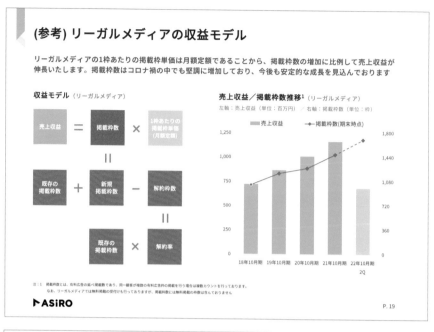

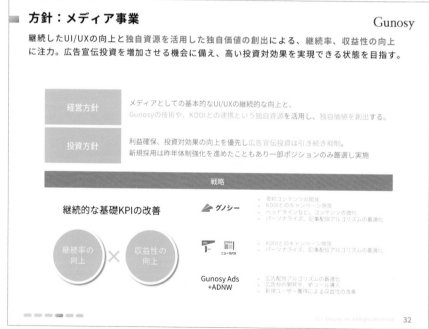

上は（株）アシロ、下は（株）Gunosyのパワポ資料です。
プレゼンする側とされる側が膝を突き合わせてじっくり読み込んでいくタイプで、コンテンツ型です。
直感に訴えるよりも、具体的な数字などを示してメッセージを伝えていくことになります。

- 比較的文字が小さい（16pt程度）。

- 情報がインパクト型よりも多く盛り込まれている。

- 各スライドに明確な「タイトル」と「メッセージ」が
記載されている（ことが多い）。

コンテンツ型の資料の多くには「タイトル」と「メッセージ」が存在し、「ボディ」（タイトルとメッセージを除く、スライドのほぼ全体）でそのメッセージの補足や根拠などを示します。

コンテンツ型はプレゼン用ではなく保存用に作られた資料のようにも見えますが、実はインパクト型と同様に、プレゼンで「見た相手のアクションを促す」ことを目的としています。

このようなパワポを使うと、序盤は「読むような」プレゼンになりますが、その後の質疑応答に繋がります。ですから、どのような質問が出るかを想定したスライド作りを心がけてください。あらかじめ補足・予備のスライドを別に作っておくのもよいでしょう。

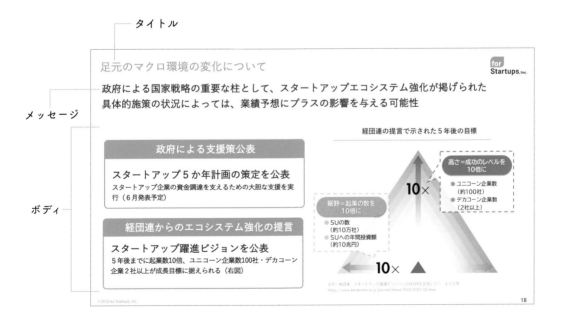

上はフォースタートアップス（株）のパワポ資料です。「タイトル」と「メッセージ」に加えて、「ボディ」でマクロ環境の変化の一例としてスタートアップ関連施策が説明されています。

インパクト型、コンテンツ型、どちらを選ぶ？

トーク中心か、パワポ中心か

インパクト型とコンテンツ型に優劣はありません。プレゼンがトーク中心で、パワポは補完的に使いたければインパクト型がよいでしょう。逆にパワポが中心で、トークは少なめにするなら、コンテンツ型がよいでしょう。

実際、セミナー用資料や社内向け説明資料ではインパクト型が、決算説明会資料や社外向け説明資料、最終報告書などではコンテンツ型のスライドが多くなっています。

いずれにせよ作り手にとって重要なのは、どちらのタイプの資料かを先に決めてから作成することです。インパクト型を作っているのに内容を盛り込みすぎたり、コンテンツ型を作っているのに軽いコミカルなスライドがあったりすると、受け手は違和感を覚えます。

途中でぶれないためには、あらかじめストーリーライン（プロット）を作成し、イメージをしっかり作ってから着手することです。

本書ではコンテンツ型の資料としてのパワポを主に紹介・解説していきます。

汎用性と作りやすさではコンテンツ型

ビジネスシーンでは「後で読んでも分かるような資料を作れ」と指示されることが多く、また自分の知らないところで資料がプレゼンを伴わない読み物として展開されることもままあります。そのようにプレゼンの後まで活用されそうな状況であれば、コンテンツ型の方が汎用性があっていいと言えます。

意外に思うかもしれませんが、多くの人にとっては、コンテンツ型資料の方が作るのが簡単で、結果的にプレゼンもしやすいはずです。それは全てのスライドにタイトルとメッセージを入れることで、最低限のクオリティが担保されるからです。多少ボディ（中身）に問題があっても、この二つの要素があれば、言いたいことは伝わるのです。

インパクト型には高いスキルが必要

一方、インパクト型にはタイトルやメッセージという定型がありません。自由度が高いだけに、作り手のスキルが問われます。

もし、文字が少ないからインパクト型の方が作りやすいと思うなら、それは安直な捉え方です。簡単に見えて、実は周到に作り込まれているのが、優れたインパクト型だからです。誰にでも作れるものではありません。

インパクト型のパワーポイントは、作り手には高い難度を要求し、受け手にも後で見返すだけでは理解が難しいものになりがちです。

巧みなトークを前提とするこの形式では、作り手に「プレゼン資料」と「発表用原稿」の二つを作ることが求められる上、発表者にかなりのトークスキルが要求されます。

上司が発表するための資料を部下が作るなど、資料作成者と発表者が同一でないケースでは、特に負担が大きくなります。なぜなら、作成者は発表者の意図を踏まえて作らなければいけないからです。上司の考えやトークの内容を推察しながら作るのは、かなり難度の

ソフトバンクグループ（株）のスライド（2022年3月期　決算説明会）はインパクト型。大きな文字が画面に躍り、それをプレゼンのトークが説明します。

高い作業だと想像できるでしょう。

　そもそも、一言一句きちんと記されたような発表用原稿がないとプレゼンができない人は、この形式の資料で発表するのには向きません。立て板に水、TED（世界的に有名な講演会）にいつでも出られるほどトークが上手な人が、インパクト型には向いているのです。

　受け手の方も、少なくともプレゼンを聞かなければ内容を理解できないため、発表の場に赴くか、後から動画などで見返す必要があります。事後に資料だけを見ると少しわかりづらいのがインパクト型資料の特徴です。

発表用原稿の要不要

　コンテンツ型はインパクト型と比較して文字が多く、重いスライドになります。作っていて楽しそうでもありませんし、作るのに時間がかかりそうです。しかし、パターンさえマスターしてしまえば、そこまで作成が難しいものではありません。

　更に、資料に言いたいことがほぼ全て書かれているため、作成者と発表者が異なったとしても、問題なくプレゼンができます。ほぼそのまま読めばプレゼンが成立するので、発表用原稿が不要なのはもちろん、プレゼンに苦手意識がある人でも、淡々とこなせば乗り切れます。私見ですが、多くの日本のビジネスパーソンは、こちらの形式の方がマッチしているのではないでしょうか。

　資料作成とトークの両面で、見た目より難度が非常に高いのがインパクト型なのです。

自分のスキルやTPOとも要相談

　繰り返しますが、プレゼンで使うパワポは「話したいことを補完する」ためのものです。プレゼンで相手の納得感を向上させるためにビジュアルの力を借りる必要があり、その手段として有力なツールがパワーポイントです。

　その手法として、インパクト型とコンテンツ型の二つの選択肢があるわけです。あなたが熟練したビジネスパーソンなら、プレゼンのサポートに最適なインパクト型を選んでもよいでしょう。でも、まだプレゼンに不安がある場合や、他人の資料を作る場合には、コンテンツ型を選ぶべきだと思います。

　ちなみにプレゼンで「ウケる」のは圧倒的にインパクト型です。しかし、あなたは笑いをとるために発表するわけではないですよね。

パワポ作成の基本
短時間でもこれだけ作れる！

パワーポイント資料を作るための、基本的な流れを押さえておきましょう。
この基本さえ分かっていれば、やり直しが少なく、効率的に作成できます。
たとえ上司から急に「1時間でプレゼン資料を作れ」と言われても
対処できるはずです。

「1時間で作れ！」と言われたら

ここでは、上司から「1時間で社内用のプレゼン資料を作れ」と指示されたと仮定して、「パワーポイント資料作成」の基本を学びましょう。もちろん本当に1時間でパワポ資料を作るのはかなりむちゃですが、具体的な作業フローと1時間内での時間配分を知ることで、汎用的な流れが押さえられます。

前提として、次の状況を想定します。

ミッション
- メンズコスメ事業の社内プレゼン資料を1時間で作る。
- 内容は「メンズコスメ市場の状況：自社の立ち位置と潜在顧客のニーズ」。
- 加えて「今後わが社はどうするべきか」もバリューを出すために記載する。

設定
- 何本かインタビューした結果、おおよそ市場の傾向は摑めつつある。
- プレゼンの相手は、スライドの細かいディテールにはこだわらないタイプだが、異動してきたばかりで市場の状況に疎い本部長（したがって、精度の高さよりも、基本的な情報が必要）。

まず、すべきことは「時間配分」です。ここでは1時間の枠の中で考えてみます。たとえ1時間という極端な枷がなくても、着手する前に時間配分の見当をつけておくと効率が良くなります。

おおよそ、ここでは次のように時間配分を設定します。「空パックに中身を詰める」作業に多くを割くところがポイントです。

1. 「やるべきこと」と「あきらめること」を整理する（5分）

2. 簡単な外形を作る（5分）

3. 空パックを作成する（20分）

4. 空パックに中身を詰める（30分）

1. 「やるべきこと」と「あきらめること」を整理する

いきなり手を動かさないこと。「急いては事を仕損じる」とはよく言ったものです。

時間が限られているなかでまずすべきなのは、「やるべきこと」と「あきらめること」を見極めることです。

「やるべきこと」とは、与えられたミッションを過不足なくパワポに入れること。「あきらめること」とは、「時間が限られたなかで、何をやってはいけないか」を見極めること。このケースでは、作るのは社内向けのプレゼン資料で、与えられたのは1時間。その状況では「きれいな資料を作る」ことはあきらめるべきでしょう。時間があり、社外向けで美しさも求められているケースとは違

う、ということを初めに認識しておきます。見た目の仕上がりにこだわって時間が足りず、きれいなスライドを1枚だけポンと出した場合と、体裁は多少粗くても情報が十二分に配されたスライドを10枚出した場合では、後者の方が望ましいはずです。

なお、社内資料やそれに準ずるシチュエーションに限定した資料であれば、資料の情報ソースに過度に気を配る必要はありません。一般には情報引用の許諾は不要で、多くの場合は参照元を簡単に記載する程度でかまいません。もちろん公に開示する資料であれば、許諾の取得と引用元の記載が、多くの場合求められるでしょう。

2. 簡単な外形を作る

新しいパワーポイントを開いて、次のスライドのフォーマットを作成します。

● **表紙** 資料名と、制作者・日付などを示す最初のスライド（1枚）

● **サマリ** 言いたいことの「まとめ」を示すスライド（1枚）

● **コンテンツ** タイトル（見出し）とメッセージがあるスライド（数枚）

● **裏表紙** 会社のロゴなどが入っている最後のスライド（1枚）

この4種類のスライドを合計で10枚くらい準備します。ファイル名には、後の混乱を防ぐために日時や目的を記します。この場合なら、「20230201_メンズコスメ市場概況_営業企画部山田_13:00版」など。表紙もそれに準じた内容になります。

それに加えて「目次」や「ディバイダー」（章の切れ目を示すスライド）もあればよいのですが、作っている余裕がなければ口頭でカバーしましょう。

3. 空パックを作成する

「空パック」とは、発表資料として基本的な体裁はなしているが、中身が入っていないパワポ資料のことです。

実は、この作業が最も大事で、かつ高度です。この作業がきちんとできていれば、当初の目的からブレないパワポが作れますから、踏ん張りどころだと思ってください。

空パックは次の手順で作ります。

1）タイトル・メッセージを設定する
2）中身（ボディ）の内容と、フォーマットを決める

1）タイトル・メッセージを設定する

コンテンツスライドに、それぞれのタイトルとメッセージを書いていく作業です。

パワポ資料には目的があり、その目的を達成するための「ストーリー」があります。ここでは、ストーリーを次のように設定します。

1.「メンズコスメ市場の概況」を説明する（自社の立ち位置と顧客のニーズを含む）。
2. 上を踏まえ「とるべき戦略・戦術」を示す。
3. そのためのネクストアクションを示す。

2.と3.は作成者自身の解釈で、「そういうこ
とにも気を配っています」とアピールしつつ、
議論の呼び水にするための素材です。

まず、1.のポイントをきっちり語りきれる
スライドのタイトルを考えます。ここでは
「メンズコスメ市場の概況」について、次の
ような内容を解説することにしましょう。

・市場規模と今後の展望
・市場のメインプレイヤーとその特徴
・自社の戦略
・Next Action

それぞれのタイトルに1〜2枚のスライド
を使うと想定して、各スライドにタイトルと
メッセージを下図のように配置します。

例えば1枚目には、タイトル「メンズコス
メ市場規模と今後の展望（1）」、メッセージ
「国内市場規模は現在約XXX億円で、右肩上
がりに成長」というテキストを入力する、と
いうことです。

このような感じでざっとコンテンツスライ
ドを書き上げます。ポイントは「その情報が
手元にあるか。なければ手に入るか」と「ス
トーリーに即して意味があるか」の2点です。

特に前者については、限定された時間内に
手に入れることが必要条件です。今から外部
に問い合わせて入手するような情報は、1時
間という枷があるケースでは使えません。

この通り、何を書くかを決定することは案
外難しいものです。ほぼ最初で最後の頭の使
いどころでもあります。

メンズコスメ市場規模と今後の展望（1）
国内市場規模は現在約xxx億円で、右肩上がりに成長

メンズコスメ市場規模と今後の展望（2）
xxx年代初頭にxxxの影響でブームになり、以降はニーズが安定

市場のメインプレイヤーとその特徴（1）
xxxが国内トッププレイヤーで、次点でxxx、xxx

市場のメインプレイヤーとその特徴（2）
xxxの主力商品はxxxであるが、xxx社のxxxなども市場で好評

当社のとるべき戦略（1）
追い風の市場動向に乗って、メンズエステ事業を拡大

当社のとるべき戦略（2）
EC部門と連携し、売上100億円を目指す

NEXT ACTION（1）
若者向けか中高年層向けかに関してターゲット層の再精査

NEXT ACTION（2）
戦略の立案には今回調査したものに加え、複数の視点で調査が必要

31

2）中身（ボディ）の内容と、フォーマットを決める

　それぞれのコンテンツスライドのタイトルとメッセージが決まれば、中身はほとんど決まったようなものです。

　おおよそ、簡単に作成できるコンテンツスライドのフォーマットパターンは、三つ程度に絞られます。

三つのスライドパターン

未分割型
大きな図（グラフなど）一つでスライド全面を占有する。

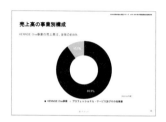

2分割型
片側に図、逆側にその説明を配置する。または、メッセージを異なる二つの要素で支えるなど。

3分割以上
並列で複数の要素を見せる。あるいは推移や経過を示すフロー図など。

ステッカーを貼れば協働もしやすい

　短い枠組みなら、この三つくらいを念頭にスライドのボディを考えます。

　ここで押さえる要素は二つ。一つは前掲の「その情報が期限内に入手できそうか」ということ。もう一つは「そのフォーマットで情報が伝わるか」です。後者についてイメージが湧かない場合、最初は手書きでスライドの概案を書くとよいかもしれません。

　この二つの要素を「ステッカー」に記載し、各スライドにペタペタと貼っていきます。ステッカーとは、完成スライドには載せない説明書きのことです。目立つ色などでハイライトしたものが多く使われます（右ページ図の各スライドにある黄色のオブジェクトがそれです）。

　このステッカーがきちんと貼られていれば、後で同僚に協力を求める場合でもスムーズに伝えられます。

4. 空パックに中身を詰める

　実際、ここまでの準備で8割は終わったようなものです。あとは、ステッカーの内容に従って情報を拾い集め、貼り付けるだけです。

　この段階で、作るのが難しいスライドはあきらめるか、メッセージを変更するかなどを考える方がよいでしょう。

　空パックに中身を詰める手順は、次のとおりです。

1. インタビュー結果や、入手できた資料など、用意したコンテンツを貼り付ける
2. 文脈に合うように中身を修正する
3. 引用したソース（出典）を貼る
4. メッセージをきちんと支えているか、確認する

　ここまでくれば、（ステッカーをきちんと貼っていれば）ライティングから情報収集まで、他の人と分担が可能になります。

　最後は、各タイトルとメッセージに合わせた中身を入れるだけです。中身を詰めた後で、タイトル、メッセージと齟齬がないか、改めて確認します。

　完成形は35ページの通り。時間に制約のある社内向け資料なので、デザインには凝っていません。

最後の「見直し」ポイントはここ

作り終えた後、余裕があれば見直しましょう。見直しをすることで、スライドの落丁（抜け落ち）などの致命的な誤りは回避できる可能性があり、より細かい観点でチェックができます。見直しの際は、主に次の①〜④をチェックしましょう。

①ルール：基本的なルールを守れているか

☑文字の大きさやフォントなどが見やすくなっている。
☑ある程度余白があり、読みやすくなっている。
☑資料の要素は十分（表紙、サマリ、目次、コンテンツ、結論など）。

これらのルールが、全てのスライドを通じて統一されていることが理想です。

②タイトル・メッセージ：各スライドのタイトルとメッセージは明確か

☑基本的に各スライドにタイトルと、それを支えるメッセージがある。
☑タイトルとメッセージは、ボディの説明なしに理解できる日本語になっている。
☑1スライド1メッセージになっている。また、必要以上に長すぎない。

③ボディ：中身を構成するボディは妥当か

☑メッセージを補佐する役割を担えている。
☑スライドの「構造化」ができている。
☑各要素に合わせて、最適な表現手段になっている。

「構造化」とは、簡単に言えば「色々な要素が雑然としているのではなく、ある種の法則に則って配置されている」状態です。パワポ資料ではメッセージが論理的に支えられていることが必要なので、「AならばB」や「AなのでB」などの論理構造が求められます。

④ストーリー：資料全体が一つのストーリーになっているか

☑資料全体で、何を伝えたいかがはっきりしている。
☑各スライドが、それを伝えるためのパーツになっている。
☑資料全体を一言でまとめるスライドが機能している。

それぞれのスライドのチェックができたら、全体を俯瞰してみて、機能的ですっきりした流れになっているかどうか確かめましょう。

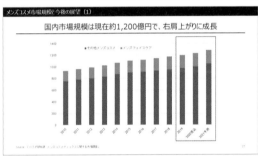

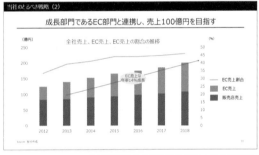

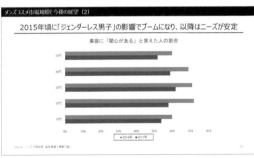

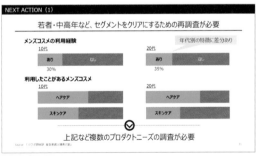

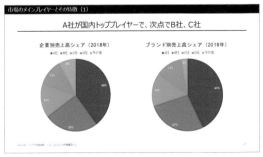

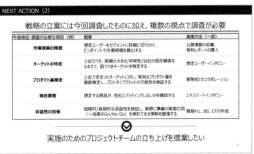

パワポ作成のポイント
知っておきたいコツ

パワーポイント資料を作るのは、それなりに手間がかかります。
けれども、ちょっとしたコツを知っていれば、
かなりの手間が省けます。
ここではオブジェクトやフォーマットについて解説します。

オブジェクトを活用して時短に繋げる

自分だけの「オブジェクト集」を作ろう

おおよそ、パワポ資料を作る際に必要なオブジェクト（丸や四角などの図形、写真、イラスト、テキストボックスなど）というのは限定的です。右ページの2枚はオブジェクト集の実例ですが、「たしかに、よく使いそうな図形が揃っている」と思ってもらえるのではないでしょうか。

ただ、実際のところ、ここに掲載したオブジェクトの大半はパワーポイントの［挿入］→［図形］で呼び出せるので、特段オブジェクト集など必要ないと感じるかもしれません。しかし、毎回上記の方法で図形を呼び出し、色を変更し、書式設定を変更し……という作業は、ボディブローのようにあなたの時間を奪っていきます。

更にこの図には、短時間で作成することが困難な画像も含まれています。例えば、「長い二重波線」（≈）は簡単に作れそうに見え

るかもしれませんが、慣れていないと10分程度費やしてしまうかもしれません。同じく「○×△◎」の図形も、全て作成するにはやはり10分程度を費やすかもしれません。もしも「急いで資料を作って」と指示された場合、その10分が命取りになるでしょう。

ですから、日頃からオブジェクトデータを蓄積して、すぐに使えるように自分用のオブジェクト集のファイルを作っておくべきなのです。

オブジェクトは地道にためる

このようなオブジェクト集を作る方法は、「地道にためる」ということしかありません。

まずは、自分の手元にある見栄えが良いパワポ資料から、使えそうなオブジェクトを全てコピーしてきて、一つのファイルに保存しておきます。

そして、パワポ資料を作成する際に、その

オブジェクト集（1：主に「文字挿入」系）

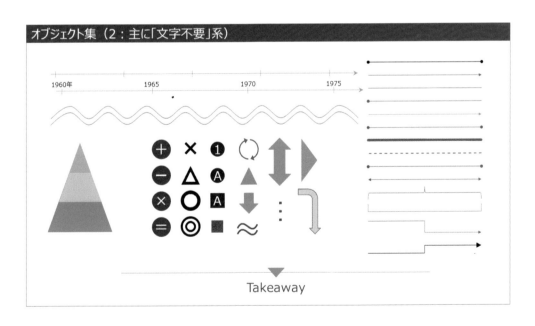

オブジェクト集（2：主に「文字不要」系）

中のオブジェクトを使い続けてみましょう。

そうすると、「よく使うもの」と「まずまず使うもの」と「全く使わないもの」に分かれてくるので、そこで一度オブジェクト集を整理します。例えば「一軍〜三軍」などに切り分けてもよいでしょう。

新しいオブジェクトを作ったり使ったりするたびに、オブジェクト集にも貼り付けることを忘れないでください。そうした作業を数カ月も続けていれば、あなた独自の立派なオブジェクト集が手に入っているに違いありません。

既存の資料からオブジェクトを毎度引用している方もいるかもしれませんが、やはりオブジェクト集としてまとまっていた方が使いやすく、また日々の更新や見直しもしやすいはずです。

よく使うオブジェクト

様々なオブジェクトがありますが、大きくは、その中に「文字を入れる」ことを主に想定するもの（前ページ上図）と、「文字を入れない」ことが多いもの（同、下図）に二分されます。

「文字を入れる」オブジェクトは、テキストボックスのような利用を想定しています。「四角いもの」「吹き出し」「矢羽根（フロー図）」「下線付きボックス」などに分かれますが、いずれも使用頻度が高いので、備えておいて損はありません。

特に「矢羽根」は［挿入］→［SmartArt］などですぐに呼び出せるのですが、華美にすぎるなど、あなたの資料とテイストが大きく

異なる場合もあります。ですから、慣れ親しんだオブジェクトを確保しておくことをお勧めします。

「文字を入れない」オブジェクトは、テキストを挿入しない利用を主に想定しています。「線」や「記号」がこのグループに含まれます。特に「記号」は、ぴったりの図形を呼び出すのが案外難しいものです。思った通りのものがなかったり、探すのに時間がかかったりします。

こうしてみると、あまり特殊な図形はないということに気がつくでしょう。実際のところ、頻繁に使うオブジェクトは、そこまで多くの種類がありません。だからこそ、よく使うオブジェクトをまとめておくことは、タイムパフォーマンスが高い時短の打ち手と言えるでしょう。

大事なのは「集める」「選ぶ」

SNSなどではパワーポイントで作った細かいオブジェクトを見かけますが、そういうオブジェクトの作成能力は、ビジネスパーソンには不要でしょう。理想を求めて時間を費やすのは、ビジネスパーソンとして避けなければなりません。

ビジネスに使うために自分でゼロから作るべきオブジェクトというのは、そう多くはありません。文字を入れるための図形ボックスや矢羽根、矢印などで十分です。

ビジネスパーソンに必須なスキルは、オブジェクトを「作る」能力ではなく、オブジェクトを「集める」および「選ぶ」能力です。

オブジェクトの書式設定はここがポイント

事前にカスタマイズを

　幾つかの資料からオブジェクトを抜粋し、自分なりのオブジェクト集を作り上げたと仮定します。次のステップは「書式設定」です。このプロセスを踏んで、ようやくオブジェクト集は完成に近づきます。

　オブジェクトの書式設定とは、図形などの色や枠線、フォントなどの詳細な設定です。もちろん書式設定にこだわらなくとも資料の作成は可能ですが、これを無視して美しいスライドを作るのはなかなか難しいでしょう。無垢の丸太だけで家を建てるよりも、削ったり切ったりした方が良い家が建つというものです。

　では、どのような書式設定をするとよいのでしょうか。オブジェクトによりますが、大きくは以下の4点に留意するとよいでしょう。

①枠線・色

　書式設定に無頓着だったために、結果として、オブジェクトの枠線の色や太さがバラバラになってしまったスライドがしばしば見られます。書式は統一されていた方が、読みやすく見栄えの良い資料になります。

　オブジェクトの「枠線」については、枠線が主体の図形（矢印など）でない限りは、「なし」に設定しましょう。なぜなら、枠線を「あり」にすると、枠線の設定（太さ、色、実線/点線など）も編集する必要があり、手間が増えるからです。「線そのもの」や、その他の枠線が必須なオブジェクト以外は「なし」にします。

　逆に、全てのオブジェクトで枠線の書式設定を厳密に定めてもいいのですが、かなりの手間がかかってしまいます。

　図形の「色」については、設定の方法が二つあります。

　一つは、「決まった色」として設定する方法です。これはスライドや資料に依存しない色を使うということです。どんなスライド（どんな配色設定のパワポ）に貼り付けても、もともと設定した色を呈します。

書式設定で「図形の枠線・色」を変える

枠線と図形の色を原色に近い色で設定した例。枠や色に拘ると、毎回書式設定を変更する必要があります。

枠線なし、かつ図形の色をテーマの色から無難なもの（薄い青）を選択。色がノイズにならず、文字が見やすい。

例えば注意喚起のステッカーや、赤色のハイライトに用いる図形がそれに相当します。どんなスライドでも同じ色が要求される図形には、この方法で設定するのがよいでしょう。

　もう一つ、「テーマの色」で設定する方法があります。パワーポイントにはスライドの仕様などを一括管理する「スライドマスター」という機能があるので、そのスライドマスターで指定した配色を前述の「決まった色」の図形以外に、つまりほぼ全ての図形に適用するのです。そうすれば、あなたの資料が「青系」中心なら、その図形は自動的に「青系」になります。

　逆に言えば、この設定方法を採用しない場合、全てのスライドについて手作業で色を変換する（つまり前述のように「決まった色」として設定する）より他ありません。けっこう労力がかかる作業になってしまうので、やはりスライドマスターで設定することを強くお勧めします。

　なお、所属する団体（企業や部署など）が色を指定しているならそれを使うのは当然ですが、「チームの色」がおおよそ決まっている場合にもそれに準拠してください。

　色についての詳細な説明はChapter3に譲りますが、メインとなる「テーマカラー」とそれを補佐する「サブカラー」を決めて運用すれば、あまり突飛な色でない限り、おおむねどんな色を使っても問題ないでしょう。

　ただし、ビジネスでは、原色に近い目立ちすぎる色の多用は避けた方が無難です。資料で「見たことがある色」＝「ビジネス上無難な色」であることが多いので、Chapter3で紹介する色々な資料を参考にしてください。

②余白

　主に「文字挿入」を前提とする図形が対象の書式設定です。

　文字サイズが14pt程度なら、おおよそ0.1〜0.2cmもあれば十分でしょう。0.2cmでは少し余白が大きすぎて、打ち込める文字数が少なくなってしまうかもしれません。

書式設定で「余白」を変える

フォントサイズが14ptで、余白を左右0.25cm（デフォルト）とした例。少し隙間があいており、情報を詰めたい場合には広すぎる印象です。

上記の設定を矢羽根でも設定した例。図形が四角でない場合は、上下左右めいっぱいではなく、このように適当な位置が端（改行）となります。

フォントサイズ14ptのままで、余白を左右0.1cmとした例。左右の隙間がかなり減ったことで、同じ図形内でも文字が多く入ります。

このように特殊な形式の図形でも、左右の余白にしっかりと影響されます。特に、このような図形では図形全体の大きさに対して書き込める文字数が少ないため、余白の工夫は重要です。

ただし、楕円形や矢羽根など、四角形でない図形はこの限りではないことが多く、端が少し見切れてしまうことがあるため、気持ち余白を大きくしましょう。

なお、文字を大きくするにつれて、余白も大きくします。

それでも、おおよそ14ptの文字サイズを想定して、0.1cmの余白を一般的な書式設定としておけば、ほとんどの場合、新たに書式設定を変更する必要はなくなります。

ちなみに、文字の間隔も編集できますが、デザイナーでもない限り、特段する必要はありません。よほど気になるなら表紙くらいは調整してもよいのですが、時間がかかるばかりで、効果はそれほど見込めません。

③（図形サイズの）自動調整

この項目には「自動調整なし」「はみ出す場合だけ自動調整する」「テキストに合わせて図形のサイズを調整する」の三つの選択肢があります。

・自動調整なし

どれだけ多くの文字を打ち込もうと、あるいは、少ししか文字を入力しなくても、図形の大きさや文字の大きさは変わりません。

ただし、「図形内でテキストを折り返す」設定にしていないと、長い文章はテキストボックスはおろか、スライドすらはみ出して右へ右へと伸びていってしまうので注意が必要です。

・はみ出す場合だけ自動調整する

図形の大きさに合わせてフォントサイズが自動で変わります。そのため、予期せずフォントサイズが下がってしまうことになります。

・テキストに合わせて図形のサイズを調整する

文字が図形の枠内にぴったり収まるように、図形が伸び縮みします。

「図形内でテキストを折り返す」をオンにしていると縦向きに図形が伸び続け、オフにしていると横向きに図形が伸び続けます。

ですから、三つの選択肢の中では「自動調

図形サイズの自動調整

「テキストに合わせて図形のサイズを調整する」の設定

文字数に合わせ図形が自動変形します（設定した余白の大きさに合わせて、上下に伸び縮みします）

「はみ出す場合だけ自動調整する」の設定

図形の大きさに沿った文字サイズになります。
文字の大きさは20ptで上記図形と同じものとして設定かつ、上記図形と全く同じ大きさの図形としてスライドに挿入したものの、このように文字数が大きくなるとpt数が減少します。（ここでは13ptに自動で変化）

自動調整なし（図形内でテキストを折り返さない）の設定
図形から文字がはみ出ています。

「自動調整なし」の設定

（図形内でテキストを折り返す設定の場合）このように、指定した枠は固定され、またフォントサイズも変更されることなく文章が収まります。

整なし」を推奨します。自分の与り知らぬところで勝手に大きさを調整されないためです。更に、書式設定にある「図形内でテキストを折り返す」にチェックを入れておくとよいでしょう。

　その選択の前に、余白の大きさを調整しておきましょう。余白設定を0.1cm程度にしていれば、見栄え良く改行がされるはずです。

　ちなみに、文章の途中で、図形などの右端に文字が達するよりも前に改行したいときがあります。

　Enterを押せば、見た目に改行されるだけでなく、実際の段落も変わってしまいます。

　Shift＋Enterであれば、見た目は改行されるものの、段落は同じだとパワポ編集上では見なされます。文の途中で改行したい場合には、Shift＋Enterを使う方がよいでしょう。

④フォント・文字色

　実際のところ、流派が多く分かれます。

　特にフォントについては、それ専門の書籍が流通するほど深い話になるので、本書では特にこだわりがなければ、視認性・可読性に優れたフォントである「Meiryo UI」や「メイリオ」を推奨します。

　逆に避けたいフォントは明朝体系です。明朝体を避ける理由は幾つか存在しますが、よく言われるのは、漢字の横線が細いため、画面に投影するプレゼンテーションには向かないということです。パワーポイントは「読む」でなく「見る」に近いので、視認性の高い文字を採用するべきです。

　文字色で言えば、黒か黒寄りのグレーが無難でしょう。以前は黒（RGB＝０００）一択でしたが、近年は視認性の良さなどを鑑み、黒寄りのグレー（RGB＝50 50 50など）が採用されることも増えています。しかし、設定が面倒なら黒色でなんら問題ありません。また、文字色をグレーで印刷して、「ちょっと印刷が薄くないか？」と指摘された例もあるので、文字色は黒が無難です。

　書式設定については、新しくオブジェクトを作成する際も同様の（統一された）ルールで設定することが望ましいです。そして、もちろん設定・利用した後は、その図形をオブジェクト集に新たに加えましょう。

游明朝体です。
ワード資料なら違和感なく読めますが、パワーポイント資料では少し見づらいでしょうか。

MS 明朝です。
こちらも、ワード資料なら問題なく読めそうですが、パワーポイント資料には不適でしょう。

Meiryo UIです。
全般に柔らかい印象で、「読み込む」より「見る」に適したフォントです。

メイリオです。
Meiryo UIよりも少し読みやすいと言われますが、字間と行間が広く、スペースを要します。

資料全体のフォーマットをどう調整するか

「ひな型フォーマット」を加工しよう

　多くの会社にはオフィシャル、アンオフィシャルを問わず、パワーポイントの「ひな型フォーマット」が存在します。

　オフィシャルなひな型は大企業の総務部などが発行する、ある程度フォーマットが整ったもので、これは特段調整・加工する必要はないでしょう。逆に、そのフォーマットを逸脱した場合、他の社員の資料との平仄（ひょうそく）が合わないことが問題になるかもしれません。よほど質の低いものでない限り、加工はお勧めしません。

　ただし、整備されたひな型を作っているのは、ごく一部の企業です。そのため、多くの方はやはりひな型を作成、または加工する必要があるでしょう。

　厄介なのはアンオフィシャルなものです。先輩から個人的に受け継いだものや、あるいは部署に代々伝わり、なんとなく定番化してしまったフォーマットです。企業謹製だと思われているひな型も、実は公式なものではなかった、ということはままあります。

　これはあまり良い状況とは言えません。なぜなら、いずれも誰かが片手間に作ったものである可能性が高いからです。大企業の総務部が提供するようなものは、（少なくとも）何人かが「良い」と確認した見栄えをしていて、スライドマスターが整備されていて、場合によってはスライドの例のようなものが幾つか掲載されていて……というものです。しかしアンオフィシャルなものは、よほど準備万端な個人が整備したものでない限り、スライドマスターの整理はほぼされておらず、したがってフッターや配色パターンの設定は十全ではなく、またそもそも見た目がきれいでない可能性も十分にあり得ます。当然、そんなひな型を使うと良い資料に仕上がらないし、ひな型を使うことでかえって手間がかかったりします。

自分で作るのがいちばん

　そんなフォーマットを所与のものとして使うよりは、将来の自分を楽にすると思って自身で整備することをお勧めします。一度作ってしまえば長く同じひな型を活用できるため、かなり費用対効果が高い作業と言えるでしょう。ただし、丁寧に作り込みすぎると、時間がいくらあっても足りません。あくまでアンオフィシャルなものでありながら、自分で使いやすいものを作る、という割り切りが重要です。

フォーマット調整のポイント

　フォーマットを調整するときのポイントは、次の6点です。

・スライドサイズを設定する

　スライドの形（縦横比率）は16：9か、4：3か。TPOに合わせてスライドマスターを設定しましょう。

所属する企業・部署が印刷物を重視しているなら、A4という選択肢もあり得ます。技術的には難しくない話ですが、考え方が重要なので、詳細は次項に譲ります。

・フッターとスライド番号を設定する

いずれも、必要に応じてスライドマスターで設定します。フッターには「©2023 株式会社○○ All rights reserved.」などと記載する場合が多いです。スライド番号は右下が無難です。

なお、フッターもスライド番号も、表紙やディバイダーなどに掲載されることは少ないです。

・表紙を作る

汎用性が高く、手の込んでないものが望ましいです。タイトルとプレゼン相手の企業名（ロゴ）、日付を更新できるようにし、あとは自社ロゴを貼り付ければ完成です。可能なら会社のイメージを代表する写真を取り入れてもよいでしょう。

・粗くないロゴを使う

時折、ロゴの画像が粗くてガビガビしているように見える資料があります。不格好なので、総務部門などに画素数の多い（解像度の高い）データをもらっておきましょう。

その際、必ず背景が透過するものを入手すること。スライド作成では、（自社・他社を問わず）透過ロゴを使いたい場面の方が多いためです。

・「使い勝手の良い」レイアウトを作る

レイアウトというのは、新しいスライドを追加する際に選べるもので、簡単に言えばスライドの「ひな型」になります。おおよそ、「表紙」「ディバイダー」「白紙」「白紙（フッター、ページ番号付き）」「汎用」の五つを作成すれば問題はないでしょう。

なお、この際にプレースホルダー（簡単に言えば、新規スライド作成時に、最初からあるボックス）を利用することは、本書ではあまり推奨しません。グループ化できない、などの欠点があるためです。

・自分用のお手本スライドをとっておく

余力があれば、上記のレイアウトを使ったスライドを幾つか保存しておきましょう。実際に使った（作った）資料をそのままとっておくのも一つの手です。ゼロベースでスライドを作るより、フォーマットに則ったお手本があった方が、少なくとも最初のうちは作業効率が高くなります。慣れてくると頭の中にスライドのパターンが蓄積されるため、例は不要になるかもしれません。

本書でも多くのスライドを紹介するので、パターンとして、ご自身の頭の中に蓄積していってください。

頻度が最も高い縦横比で作る

縦横比が違うと……

　作られた資料のアスペクト比（縦横比）と、出力する媒体のアスペクト比が異なるのは、パワーポイント資料ではよくあることです。パワポ資料（あるいはPDF資料）を上司や先輩から引き継いだり、あるいは顧客から受領したりした際に、印刷すると妙に幅が余るとか、スクリーンに投影すると一部が欠けるとか、PC画面に映すと余白が多いなど、「何か違和感あるな……」と思ったことがある方も多いと思います。

　多くの方はご存じでしょうが、パワーポイント資料はめいめい自由なサイズで作成することができます。そして2023年現在、投影用資料のデフォルトは16：9になりつつありますが、まだ他の規格で作成されていることが多いのです。

　まずは、それぞれの規格と使い道について解説しましょう。

それぞれの規格と使い道

　現在、日本で流通しているパワーポイント資料の規格には、おおよそ次の3種類があります。

16：9　幅33.87cm、高さ19.05cm

A4　幅27.52 cm、高さ19.05 cm

4：3　幅25.4cm、高さ19.05 cm

　なお、ここでは縦向きや例外的な規格を除

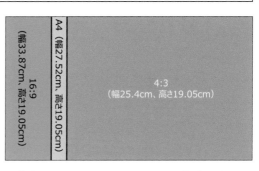

本来のA4は29.7cm×21.0cmですが、パワポでは上記のサイズになります。ですがA4の紙に印刷してもピッタリ出力されるので、心配はいりません。

きます。大きな一枚絵を描くのにA3にすることも、ポスター発表で更に大きな規格にすることもあるでしょう。しかし、ここではビジネスでよく使われる3種類に絞り、それぞれについて解説します。

・「16：9」が業界標準

　2023年現在、おそらく業界標準だと言ってもよい規格は16：9です。それは多くのPCの画面やディスプレイが、16：9のアスペクト比を採用しているからです。

　ですからパワーポイント資料を作る際、紙媒体への出力ではなく、主に画面投影を想定している場合には、16：9に設定するとよいでしょう。

・「A4」は紙媒体に

　紙の規格にはB5やB4などもありますが、ビジネスシーンで使われるのはA判です。

　プレゼンテーションで印刷物としても配布

する想定なら、A4の比率で資料を作る必要があります。

・「4：3」は昔の標準

このサイズが活躍する場面は近年減少してきました。テレビもアナログ時代は4：3でしたが、デジタル化とともに16：9になり、多くのディスプレイが16：9のアスペクト比へと切り替わりつつあるからです。

古いスクリーンに投映することが分かっている資料ならともかく、特に理由もないのに昔のままの比率で何となく作っているのであれば、最も出力することが多い媒体のアスペクト比に合わせたひな型を作成することをお勧めします。

パワポ資料は16：9で作ることをお勧めすると述べましたが、印刷や16：9以外のスクリーンへの投影が想定される場合には、その大きさに合わせて作成してください。

仮に、後で印刷することが分かっているのに16：9で作成したとしましょう。それをA4の用紙に横幅いっぱいに印刷した場合、上下に余白が出てしまいます。ですから、最初の設定が肝心なのです。

実際には、16：9のスクリーンとA4サイズの紙と、どちらにも使う資料というのも多く存在します。その場合は「主な」役割に合わせるとよいでしょう。

なお、ディスプレイの標準的なアスペクト比が16：9である現代では、16：9で資料を作成するべきですが、これまでもそうであったように、新たなアスペクト比が流行する未来は必ず来ます。その時は、潔く16：9の比率を捨て、新しいアスペクト比に対応する資料を作成しましょう。

アスペクト比（規格）の変え方

画面比率の変更方法を簡単に解説します。

まず前提として、「スライドが出来上がった段階」での変更は全くお勧めしません。強引に大きさを変更すると、変な余白が生まれ、せっかく揃えた文字の大きさも妙なものに自動的に変わってしまいます。スライドを一枚ずつ新しい画面比率に合わせて修正するのは、膨大な労力がかかることは想像に難くないでしょう。

ですから、スライドの作成前に、画面比率の規格を変更しましょう。リボン（ツールバー）から［デザイン］→［スライドのサイズ］→［ユーザー設定のスライドサイズ］と変更するだけなので、難しくありません。

もしも、スライドの作成前ではなく、作っている途中で変更しようとすると、スムーズにはいきません。

作成の途中で変更しようとすると、［最大化］と［サイズに合わせて調整］の選択肢が現れますが、どちらを選んでもスライドは崩れてしまいます。

強いて言えば［サイズに合わせて調整］の方ならスライドの枠内に収まるようになり、まだマシですが、いずれにせよ余白がだぶつくなど、あまり褒められた見た目にはなりません。

パワポ向きの「文章」は「見出し」だと心得よう

どんな文章も2行以内で収めよう

パワーポイント資料に限らず、ビジネスシーンでは短い文章が好まれます。

特にパワポ資料は、「読ませる」というよりも「見せる」ことで、プレゼンを補完するものです。そのため、3行以上のだらだらした文章はあまり好まれません。不思議なもので、どれだけテキストが横に長くても、2行ならギリギリ読むことができ、逆に1行あたりの文字数が少なくても、3行以上になると読みづらいとされています。

4行以上ともなると、「見る」ではなく「読む」になるため頭に入りにくく、改行箇所が悪いと、更に読みづらくなります。

とはいえ、「どうやっても3行以上になる」という事態は発生します。無理してオブジェクトの配置を再考したり、文字サイズを極端に落としたりするくらいなら、3行のままの方がよい場合も当然あります。

3行以上が許容されるケース

パワポ資料のテキストは2行を限度とするのが無難ですが、例外があります。それは、次の2点です。

・ワードスライド

ほぼワードのみで構成されたスライド。主にサマリなどで使われます。

・あまり重要でない細かい情報

「詳細すぎる」説明が相当します。本来、重要でない情報はスライドに掲載すべきではありません。しかし、どうしても入れなければならないこともあるでしょう。

例えば、本筋には関係がない細かい技術的な解説が、ふとした拍子に重要な論点になることがあります。技術的な話は長文になりやすいので、そういう状況では3行以上になることも許容されます。

文章を2行以内に収めるのは難しいかもしれませんが、実際3行になると頭に入りにくいのです。

この程度の分量でも、3行になると読みにくいケースが多い

文章を2行以内に収めるのは難しいかもしれませんが、実際3行になると頭に入りにくいのです。

2行であれば、多少横に長くても読みやすい（最大20文字程度）

文章を2行以内に収めるのは難しいかもしれませんが、実際3行になると頭に入りにくいのです。

3行以上になる場合は、行間を空けたり、キリの良いところで改行したりする

なお、改行は適切な位置（単語の切れ目など）でおこなうことが望ましいです。英語の文章なら、ワードやパワーポイントでは自動的に「キリの良いところ」で改行されますが、日本語ではそうはいかないので、人力で対応する必要があります。

体言止めを活用しよう

2行以内に収める手段としては、「結論のみを書く」「不要な修飾を削る」「同じことを二度言わない」など、ビジネス文章に共通するテクニックが多くあります。

ここでは、パワポ資料に特に有効な「体言止め」テクニックを紹介します。

おおむねパワポ資料の文章は、体言止めで問題ありません。「です・ます」「だ・である」で終える用言止めは、文章が長くなることが避けられません。パワポ資料には、美しく丁寧な日本語よりも、分かりやすさが求められます。そのため、多少強引でも体言止めがよいのです。

「〜がポイントです。」を「〜がポイント」にするなど、「です・ます」「だ・である」を削除するだけで、体言止めになる文章も多いものです。

いわば、文章全体が「見出し」になるようなもの（←これも「体言止め」です）。

パワーポイントに用いる文章は、全て見出しと心得ましょう。

もちろん、サマリなどに用いるワードスライドなどは、体言止めである必要はありません。サマリは「見せる」というよりも「読ませる」「聞かせる」スライドであるため、用言止めが望ましい場合が多いです。

見出しのような簡潔な文章こそ、「見やすい」スライドのコツ

用言止め	体言止め
魅力あるパワポ資料を作成するコツは、次の通りです。	魅力あるパワポ資料作成のコツ
・パワポ資料に使えるオブジェクトはたくさん用意しておく。	・パワポ資料に使えるオブジェクトを多数用意
・自分が「良い」と思えないひな型フォーマットは使わない。	・自分が「良い」と思えるひな型フォーマットを使用
・印刷か投影か、資料を提示する方法を前もって決める。	・印刷 or 投影？資料の提示方法は予め決定
・執筆に着手する前に、全体のストーリーを考える。	・執筆着手の前に全体のストーリーを設計

イラストやアイコンを活用する

無料で使えるサイトは多い

　イラストやピクトグラム、アイコンなどを使いたいケースもあるはずです。幾つものサイトが無料で配布しているので、活用するのもよいでしょう。

　独特なイラストを提供している「いらすとや」や、東京オリンピックでも有名になったピクトグラムなどが掲載された「ICOOON MONO」など、使えるサイトは枚挙にいとまがありません。いずれもTPOに合わせて使い分けたいところです。

　注意したいのは、このようなサイトの一部では利用の範囲が制限されていることです。使用するのであれば、必ず利用規約を確認しましょう。

代替案を探すのも必要なスキル

　サイトを探しても、理想どおりのイメージが見つからないこともあるでしょう。

　例えば「カーリングのピクトグラムを探しているが見当たらない。強いて言えば、掃除のアイコンが近い」というケースで、カーリングのアイコンを探してあらゆるサイトを巡るのは賢明とは思えません。「掃除のアイコンで代用する」「汎用的なスポーツの画像にする」などと、妥協することも考えましょう。

　なお、パワーポイントにもアイコン機能があります。[挿入]タブの[アイコン]コマンドから呼び出せます。

作業着のイラスト　　ブラック企業のキャラクター　　支店のイラスト

営業所のイラスト　　人材の引き抜きのイラスト　　いろいろな重圧に苦しむ人のイラスト（女性）

©いらすとや

季節の祝日・行事のイラスト　　イベントのイラスト

食べ物・料理のイラスト　　学校のイラスト

医療のイラスト　　社会のイラスト

自然のイラスト　　建物・地図のイラスト

文字・マークのイラスト　　その他のイラスト

JPG、PNG、SVGはどう違う？

画像ファイルにはJPG、PNG、SVGなど幾つか形式があります。いわゆる拡張子も異なります。これらは、どう違うのでしょうか？　特にありもののアイコンを使う場合、ファイル形式の違いを押さえておくことで、スライドの出来上がりに差が出ます。

● パッと見の違い

パッと見には、さほど違いは見つかりません。

● 透過の有無

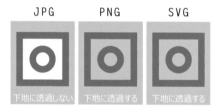

JPGでは下地が見えません。つまり、透過しないということです。

● 色の変更

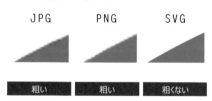

青色を橙色に変えてみました。変更ができるのはSVGのみです。

● 画素の粗さ

JPG　　PNG　　SVG

粗い	粗い	粗くない

左上の部分を拡大します。画像が粗くならないのはSVGだけです。

上の結果から、アイコンのファイル形式は、できればSVGを選ぶ方が融通の利きやすいことが分かります。また、ファイルサイズも最も軽量です。ただし、写真などの繊細な画像は、SVGではうまく表示できないことがあるため、JPGやPNGを採用しましょう。

注目企業パワポ「パーツ」別紹介

美しく機能的なパワーポイント資料は、
コンテンツの取捨選択と配置が絶妙です。
ここでは、コンテンツが最大限に美しく
効果的に配置されたスライドをパーツ別に紹介します。
パワポを作成する際に、画面構成の参考になるはずです。

メッセージを最大限に伝えられるスライドとは

　ここでは様々な企業が工夫を凝らしたスライドをご覧いただきます。188枚が一堂に会している様をご鑑賞ください。美しく機能的なスライドは、コンテンツの取捨選択と配置が絶妙です。パワポ資料を作成する際に、画面構成の参考になるでしょう。

　それぞれのスライドで「その1枚に込められた意図と工夫」を解説し、更に、そのスライドの各要素がどのように配置されているかの「デザイン分解」をすることで、作成方法のヒントにも触れています。

　54〜67ページは「表紙」「目次」など、資料全体の中での道しるべのような役割を果たすパーツを紹介します。

　68〜109ページは「グラフ」「表」など、数的データを示すスライドです。データの特質に合わせた、効率的なレイアウトの組み方も分かるでしょう。

　110〜147ページは「会社概要」や「市況」などのテーマにフォーカスし、「なぜそのレイアウトを採用したのか」を深掘りします。

　全てのスライドには「メッセージ」を支える最適なデザインがあることを汲み取ってください。よく使われる手法、一歩上をいく表現を、ぜひ参考にしてください。

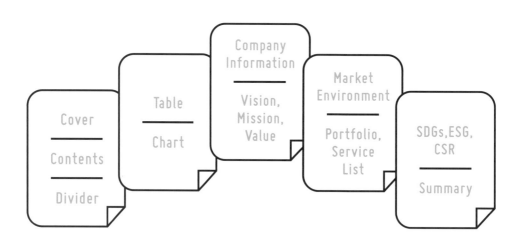

デザイン分解について

　Chapter2では各スライドのデザイン分解を試みました。このように要素を整理してみると、要素の配置や組み合わせには色々なパターンがあること、それぞれに美しさがあることに気づくでしょう。制作のヒントになるに違いありません。

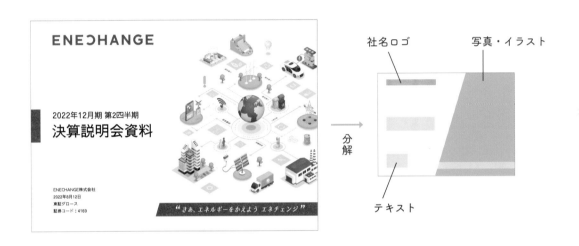

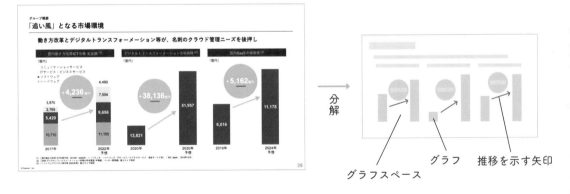

色地の背景	写真、イラストなど	社名ロゴ	テキスト（グラフ凡例なども）
グラフのスペース	グラフの形状	推移を示す矢印や矢羽根	

＊基本的には上記のルールに従ってデザイン分解をしていますが、デザインの特徴を際立たせて見せたいときや、デザイン構成として考える上では省く方が分かりやすいときなど、必ずしも上記のルールに従っていない場合もあります。

1

表紙

表紙は資料の顔です。大きくは、「目を引くようなキャッチーなもの」か、あるいは「必要情報を絞ったシンプルなもの」に二分されます。いずれのパターンでも、表紙の機能を十全に満たしていればかまいません。目的に応じて使い分けましょう。

👍 Basic Point

- タイトル・日付・執筆者があれば、表紙として機能は十分。

- 必要以上に手間をかけない。社内用なら省いてよいことも。

背景に写真を敷いて親しみやすく

シンプルすぎるのは避けたいものの、手間はあまりかけたくないと思うなら、このフォーマットがお勧めです。背景に写真があるだけで、親しみやすくなります。社屋など無難な画像、ロゴ、必要情報だけで完成します。写真の透過度や色味などを工夫すればセンス良く仕上がります。

Point 中央にロゴと必要情報を寄せた、ごくシンプルなパターンです。

自社サービスを写真で **見せる**

自社サービスを前面に押し出した表紙です。1枚でなく、複数の写真を上手に配置しているところも目を引きます。

縦書きの採用、自社ロゴ配置の工夫、複数フォントの利用など、写真以外にもかなり技巧が凝らされています。作成難度の高いフォーマットです。

Point 写真を大きく、文字を小さくしていますが、読みづらくありません。珍しく縦書きが使われています。

文字情報とイラストを横並びに

文字とイラストを分けて配置する、オーソドックスなパターンです。イラストでなく写真が入ることも多いです。この例ではイラストが斜めにカットされて動きを感じさせますが、長方形でも機能は変わりません。

キャッチコピーの記載が、アクセントにもなっています。

Point 左半分に必要情報、右半分に会社イメージを表すイラスト。一般的な配置の一つです。

コーポレートカラーを全面に **敷く**

表紙全体をコーポレートカラーで染め上げ、そこに白抜きのロゴと文字、そしてイラストを配置しています。イラストも白抜きにしているところもポイントでしょう。イラストがない例（背景にコーポレートカラー＋白抜き文字やロゴ）もよく見られます。

(Point) 中央に必要情報、下部にイラストを配置しています。情報とイラストは、左右に配置してもよいでしょう。

コーポレートカラーをポイントで **使う**

一部のオブジェクトや文字だけを、コーポレートカラーに染めています。コーポレートカラーが原色に近いなど、全面に色を敷くと見た目が少しうるさくなるような場合には、このように一部に色をあしらう様式がフィットします。

(Point) 中央に情報を集め、上下に仕切りのようなオブジェクトをコーポレートカラーに染めて置いています。

シンプルな情報に ロゴを添える

これぞシンプル、という表紙の代表格です。必要情報とロゴのみの割り切った構成ですが、表紙としての機能は十全です。ロゴがモノクロであることが、シンプルさに拍車をかけています。よりシンプルなパターンとしてロゴもない場合がありますが、それでも問題はありません。

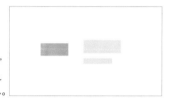

Point 左にロゴ、右に情報。シンプルな表紙では、左右より上下にそれぞれを置く方が多いかもしれません。

シンプルな情報に キャッチコピーを添える

専門家を、もっと身近に。

弁護士ドットコム

**2022年3月期
決算説明資料**
2022年5月13日

© Bengo4.com, Inc. 2022

極めてシンプルな構成です。シンプルが故に、キャッチコピー「専門家を、もっと身近に。」が映えます。上部にうっすらとコーポレートカラーを配しているのも見逃せません。単純な作りに見えて、工夫の多い一枚です。

Point 中央にキャッチコピー、ロゴ、必要情報を、フッターにコピーライトを入れ、良いバランスになっています。

2

Back Cover

・・・・・・・・・・・・・・・・・・・・・

裏表紙

 Makuake

65

資料の最後に挿入するスライドが裏表紙です。裏表紙がない資料も多いのですが、ごくシンプルなスライドでも、あれば「プレゼンの終わり」の合図として分かりやすくなります。裏表紙はロゴがあれば十分、逆に情報が多いと「終わり」と認識できないので要注意です。

👍 **Basic Point**

● 短いパワポ資料であれば、あえて挿入する必要はない。

● 印刷する場合も「無駄紙」になるので、不要なことが多い。

最もシンプルで 最頻出の「ロゴのみ」

sansan

潔くロゴのみを配置する、最も多いパターンの一つです。
このスライドのロゴは小さいのですが、もう少し大きく配置する例もよく見ます。ロゴのカラーリングは、会社（組織）が許せば、オリジナルの色でなく、モトノーンなどに変更してかまいません。

〔Point〕中央にロゴを配置するだけです。

中央にロゴ&コピー、背景に画像

中央に白抜きのロゴとキャッチコピーを配し、背景に画像を敷いています。

この企業の裏表紙は、表紙と似たフォーマットです。表紙、目次、ディバイダーのフォーマットを流用することは珍しくなく、手間をかけすぎるべきスライドではないので妥当な方法です。

Point 背景に画像、中央にロゴとキャッチコピーを配置するのみです。

背景をコーポレートカラーで染める

コーポレートカラーを背景色にした裏表紙です。
このように企業のキャッチコピーを裏表紙に記載する例は、珍しくありません。シンプルすぎる裏表紙を避けながら、結果的に良いアクセントになっていることが多いです。

Point 中央に情報を集約しています。裏表紙では、左右や上下に情報を分散させる様態はあまり見られません。

3
Contents

目次

| 目次 |

▶ASiRO

P.2

スライドの枚数が多い場合、はじめに「目次」をつける方がよいでしょう。目次の主な役割は、書籍と同じで「コンテンツの予告」です。ただし、書籍と異なり、「それが何ページにあるのか」を示すのは、あまり一般的ではありません。

👍 Basic Point

● 資料の内容が分かりさえすれば、フォーマットの自由度は高い。

● 過剰な装飾は不要。情報を絞った簡素なものが見やすい。

企業イメージを視覚的にアピール

⊶ **Accrete**

2021年12月期

1. ビジネスハイライト
2. 決算概要
3. 事業概要
4. 成長戦略
5. 業績予想

Appendix

目次に求められる内容は「どんな章立てか」だけなので、スペースに余裕がある場合が多いでしょう。スライドの半分をビジュアル（この場合は、企業ロゴに似たイメージ）に充てるのは、受け手を飽きさせず、加えてブランドなどのアピールになるため良い手法と言えます。

Point 左側に目次、右側にイメージが配置されています。左右が逆でもよいでしょう。

手軽できれいな 背景に白抜き

Agenda

1. 2022年3月期　通期業績
2. 2023年3月期　業績予想
3. APPENDIX

表紙や裏表紙と同様に、目次でも「背景＋白抜き文字（＋ロゴ）」は一般的です。手間が少なく、きれいに見える手法でしょう。なお、「目次」ではなく「Agenda」や「Contents」などの表記も、パワーポイント資料ではしばしば使われます。

 Point 左に「Agenda」、右に各見出し、右下にロゴ。中央に全て寄せるよりも、バランス良く見えます。

コーポレートカラーを部分的に 活用する

アジェンダ

SHIFT

1. **FY2021 4Q業績**

2. **KPIの推移**

3. **FY2021アクション計画と4Q状況振り返り**

4. **FY2022業績目標**

5. **売上3,000億円に向かう**
   成長戦略「SHIFT1000」

ごく簡素に必要情報だけを入れたものの、少し寂しいかなと思うような場合には、コーポレートカラーを取り入れることでアクセントをつけられます。
全ての文字をコーポレートカラーの赤色にするのではなく、部分的に使うことでメリハリを利かせています。

Point 中央に、左揃えで大きめに情報を配置。左上に「アジェンダ」の文字を入れ、バランスを良くしています。

背景をコーポレートカラーで **塗りつぶす**

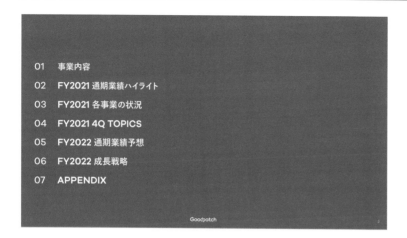

01	事業内容
02	FY2021 通期業績ハイライト
03	FY2021 各事業の状況
04	FY2021 4Q TOPICS
05	FY2022 通期業績予想
06	FY2022 成長戦略
07	APPENDIX

Goodpatch

コーポレートカラーをより印象づけたいなら、目次の背景を全て染め上げる手法があります。全面を一色で染めておかしくないのは、表紙、裏表紙、ディバイダー、目次などのみです。他のパターンと同様に、空いたスペースにロゴや写真、イラストを加えてもよいでしょう。

Point 左側に情報を寄せています。半分が空白でも、目次やディバイダーなら、案外気になりません。

潔く見出しのみを掲載 する

⤢ TORICO

会社概要

特徴と強み

業績ハイライト (FY2022)

業績予想 (FY2023)

成長戦略

©2022 TORICO Co., Ltd.　　2

見出しのみを並べた潔いスタイルです。こういうシンプルなスライドなら、短い時間で作成できます。目次はなくてよい場合もありますが、あれば親切に違いありません。なお、ここで文字を灰色にしているのは、ディバイダーに活用するためです（66ページ上のスライド参照）。

Point やや左寄りにテキスト、右上にロゴを配して、無色のスペースが空きすぎないように工夫しています。

「番号」と「見出し」だけでも十分

目次

1　全社連結業績

2　セグメント別トピックス・業績

3　2022年度 業績予想

4　PayPay連結子会社化

番号の後に見出しだけ、文字色は濃いめの黒。このシンプルな構成で、目次の機能を十分に果たしています。ロゴがなく、文字が小さくても、目次は成立します。更に言えば、書籍のそれとは異なり「1」などの番号がなくてもかまいません。

 Point 左上端に「目次」の文字。中央に文字を配しています。

ロゴを使って独自性を**演出する**

1．会社概要 　　　　　 P3

2．業績ハイライト 　　　 P8

3．2023年2月期 業績見通し 　P17

4．APPENDIX 　　　　 P20

あまりにシンプルすぎる目次を好まないなら、背景を一工夫する方法が幾つかあります。その一つがロゴを「透かす」手法です（ただし、この手法が似合わないロゴもあります）。

白抜きのロゴを用意するなど工夫を重ねれば、更に映える可能性もあります。

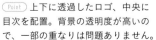 **Point** 上下に透過したロゴ、中央に目次を配置。背景の透明度が高いので、一部の重なりは問題ありません。

ディバイダー

会社概要

Company Introduction

ディバイダーはセグメント（章）の切れ目を示すものです。必要な情報はかなり少なく、セグメントの表題（見出し）があれば十分ですが、自由度が高いため工夫を凝らす余地もあります。手間をかけてもよいし、目次を流用するなど簡便にしてもよいでしょう。

👍 Basic Point

- 必要な情報は「何のセグメント（章）が始まるか」だけ。

- 資料の総ページ数が少なければ、なくともかまわない。

「映える」写真を活用する

見た目に映える自社サービス（プロダクト）などがあるなら、その写真で楽しませられます。

他のスライドでは本題と関係の薄いビジュアルは好まれませんが、ここぞとばかりにディバイダーで活用するなら、誰も嫌がりません。むしろ飽きさせない工夫として好まれるでしょう。

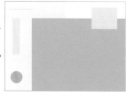

Point スライドの大半を写真に割き、余白のスペースに必要な情報を配置。縦書きの工夫も光ります。

目次と同じきれいな画像を背景に

2022年3月期　通期業績

自社と関連は薄くても、きれいな画像なら背景によいでしょう。無料の素材は既視感を抱くことが多いので、有償の方がよいかもしれません。その際、色や透過度などを調整し、文字の視認性を上げます。なお、この画像は目次の流用（61ページ上）で、区切り感をより印象づけます。

(Point) 背景らしく見えるように調整をした画像を敷き、中央に情報、右下に白抜きロゴ。定番の設定です。

コーポレートカラーで縞模様のようにする

1. FY2021 4Q業績

コーポレートカラーを押し出すなら、この手法もお勧めです。特にビビッドな色（赤色や黄色など）の場合、全面を塗りつぶすよりも、一部だけ塗る方がキャッチーな印象になります。ディバイダーはそこまで目立つ必要はないので、逆に良いバランスになるでしょう。

(Point) 太い色ベタのボックスを配置し、中にテキストを挿入。右上にロゴ。ディバイダーによく見られる配置です。

4 ディバイダー

「目次」に横長のカラーバーを**被せる**

会社概要

特徴と強み

業績ハイライト（FY2022）

業績予想（FY2023）

成長戦略

TORICO

「目次」を流用した例です（62ページ下参照）。コーポレートカラーで塗りつぶした横長のバーを、該当する見出しに被せることでハイライトしています。なお、他の字を（黒ほど目立たない）灰色にしたのもポイントですが、バーがあるので必ずしも薄くする必要はありません。

Point 目次と全く同じ文字とロゴをベースに、コーポレートカラーを棒状にして、見出しに被せています。

目次の「文字色」を変える**シンプルな手法**

目次

1 **全社連結業績**

2 セグメント別トピックス・業績

3 2022年度 業績予想

4 PayPay連結子会社化

目次のスライドをコピーして、文字色を変えただけで、ディバイダーとして十分に機能させている例です（63ページ上のスライド参照）。
該当する見出しの色はそのままで、他の文字を「灰色」にすることで、該当箇所をハイライトしています。

Point 中央に見出しを配列。左上端の「目次」もそのまま。最もシンプルな、ディバイダーのフォーマットの一つです。

文字の視認性をあえて落とす工夫

Index

01 会社概要

02 事業の概要と状況

03 市場環境

04 強みと特長

05 成長戦略

06 財務数値等

コーポレートカラーが、全面に敷いてもうるさくなく、文字を乗せるか白抜きするかして読みやすい色なら、背景に敷き詰めてもよいでしょう。これは目次のように見出しを並べ、該当パートを白抜きに、それ以外の文字は濃度の低い色で視認性を落としています。

Point 中央よりもやや左寄りに見出しを並べ、左上にIndexと記載しています。

自社サービスの関連画像で彩りを与える

インフルエンサー
ギャラクシー

コンテクスト
ドリブン
マーケティング

ディバイダーに用いる画像は、自社に関連するものなら違和感なく受け入れられます。
このスライドは2箇所でディバイダーとして使われています。
一つの章を二つのセグメントに分け、それぞれの冒頭に、該当しない方の文字や画像の色味を変えて挿入しています。

Point 二つのセグメントを表すため、左右で2分割しています。文字を目立たせるため、背景色を調整しています。

表（詳細データ）

2021年8月期 実績　連結貸借対照表・キャッシュフロー計算書

連結貸借対照表

（百万円）	FY20	FY21
流動資産	1,647	2,012
現金及び預金	1,345	1,531
売掛金	165	228
その他	137	253
固定資産	305	301
有形固定資産	101	102
その他	204	199
総資産	1,952	2,313
負債	898	1,019
純資産	1,053	1,295
株主資本	1,053	1,302

連結キャッシュフロー計算書

（百万円）	FY20	FY21
営業CF	252	195
税金等調整前損益	421	405
減価償却費	24	21
その他	-193	-231
投資CF	-2	-20
有形固定資産の取得	-5	-21
その他	3	1
財務CF	25	12
期末現預金残高	1,345	1,531
フリーCF	250	175

表を「細かいデータを網羅的に示すもの」と「ピックアップした一部のデータを示すもの」に分けて考えます。ここでは、前者を紹介します。たくさんの数値が盛り込まれたデータを、網羅的かつ分かりやすく示すための工夫がそれぞれに盛り込まれています。

👍 Basic Point

- 大量のデータが並ぶなら、視認性を高める工夫をすると親切。

- データからの示唆やメッセージは、必要に応じて記載する。

たくさん並ぶデータに薄い網を活用する

財務数値等

業績予想

- 2023年3月期は、上場時（4月12日）に開示した業績予想から変更なし
- コンサルティングサービス、プラットフォームサービスとも続伸し、2年連続で過去最高業績を更新見込み

（単位：百万円）※	2020年3月期		2021年3月期		2022年3月期		2023年3月期	
	実績	(%)	実績	(%)	実績	(%)	計画	(%)
売上高	1,756	100.0	1,813	100.0	2,266	100.0	2,783	100.0
コンサルティングサービス	1,061	60.4	1,082	59.7	1,404	62.0	1,676	60.2
プラットフォームサービス	695	39.6	731	40.3	862	38.0	1,108	39.8
売上原価	824	46.9	915	50.5	1,045	46.1	1,306	46.9
売上総利益	932	53.1	898	49.5	1,220	53.8	1,477	53.1
販売費及び一般管理費	1,055	60.1	938	51.7	1,070	47.2	1,242	44.6
営業損益	△123	△7.0	△39	△2.2	150	6.6	235	8.5
経常損益	△122	△7.0	△29	△1.6	139	6.2	221	7.9
当期純損益	△93	△5.3	△63	△3.5	175	7.8	220	7.9

※1：百万円未満の端数五入

データを「一覧表」で見せるスライドです。一般的に、財務諸表などに多く採用されます。エクセルブックの書式設定でよく見るように、タイトルの行を濃い色に、下位の見出しの行を薄い色にデザインすると、見やすい表に仕上がります。作るのも手軽です。

Point　中央に大きく表を配置。スライドの左側に縦書きで見出しなどが記載されているのは珍しい例です。

見てほしい箇所を「枠」「太字」でハイライト

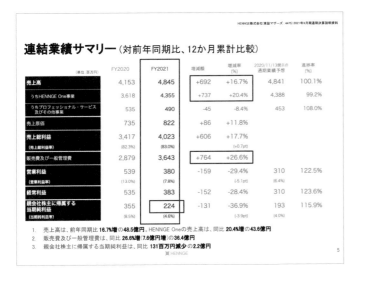

データの羅列の中でも、特に見てほしい部分はハイライトすべきです。この例のように「枠で囲う」、あるいは「太字にする」などが有効でしょう。

ただし、表スライドで数字を赤や青にするのは基本的には勧めません。「マイナス」などの意味が付与されるからです。

(Point) 上にスライドのタイトル、中央に表を配置し、下に表のメッセージ（示唆）を掲示しています。

表スライドにも「メッセージ」を入れる

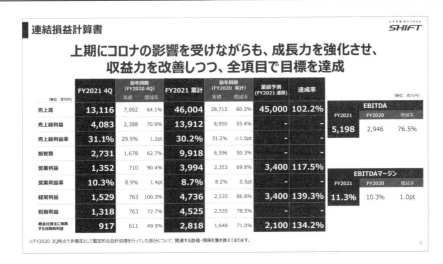

テキストでメッセージ（ここでは表の上の2行）を付ければ、表を読み解くヒントになります。

メッセージを掲げれば、表スライドでも「サマリ」のスライドとして活用できます。単にデータの網羅にとどめたくない場合には、この手法がお勧めです。

(Point) 「サマリ」スライドとして、上にタイトルとメッセージ、下にボディとして表を配置する、一般的な様式です。

4Q業績ハイライト　　　　　　　　　UUUM

4Qに一過性費用として下記を計上
- 売上原価：過去のイベント等に関わるグッズの在庫評価損として98百万円
- 特別損失：社内ソフトウェアの減損損失として265百万円

（百万円）	22/5期 4Q （2022年3月-2022年5月）	21/5期 4Q （2021年3月-2021年5月）	前年同期比
売 上 高	6,653	–	
売 上 高 （収益認識影響等考慮前）	7,727	7,038	110%
粗 利 益	2,072	1,896	109%
販 管 費	1,695	1,546	110%
営業利益	377	350	108%
親会社株主に帰属 する当期純利益	83	253	33%

大量のデータを羅列するのではなく、ある程度絞り込んだ数値を基にして、メッセージを伝えるスライドです。そのため、どの部分を見てほしいのか、伝えたいメッセージは何か、そしてそのメッセージはなぜ引き出されたのかを示唆する必要があります。

👍 Basic Point

- データ量を絞り、その上で注目すべき点をハイライトする。

- メッセージがあるので、伝えたいことを文字（言葉）で表現する。

コーポレートカラーも表に有効活用

2023年2月期 業績予想

成長に関するトピックス
- ✓ ネットワークインテグレーションをメインとする 株式会社ZOSTEC を子会社化
- ✓ ハイレイヤーのITインフラストラクチャ技術を共有し事業規模拡大を図る
- ✓ 中期経営計画 は現在検討中

	2022年2月期 通期実績	2023年2月期 単体業績予想	2023年2月期 通知業績予想	前期比
売上高	3,922,944	4,680,000	5,100,000	130%
営業利益	679,536	855,000	875,000	129%
税引前純利益	737,078	910,000	935,000	127%
純利益	542,774	666,000	684,000	126%

Financial Forecast　　18

この企業のコーポレートカラーはオレンジ色なので、文字に使っても、下に敷いて文字を白抜きにしても、見た目に違和感なく重要性を読み取れます。枠で囲うときの色にもよいでしょう。メッセージに必要なデータだけがピックアップされているので、見やすいスライドです。

Point 上にタイトルとメッセージ、中央に標準的な様式の表。下部にインデックスを載せるのは珍しいです。

「コメント」を吹き出しで入れる

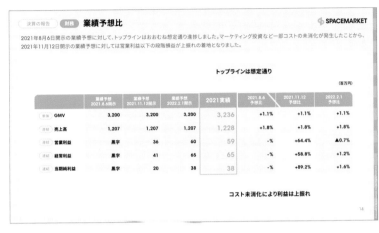

表が画面の大部分を占めると、資料が単調になりすぎることがあります（特に、同じようなスライドが続く場合）。

それを回避する手法の一つが、このような吹き出しによるコメントです。メッセージよりも、細かい個別の内容を補足することができます。

Point 表スライドでは頻出の構成ですが、「吹き出し」でコメントをするため、表の上下に余白を残します。

数値をピックアップしてメリハリをつける

【サービス/技術】FY2021成果サマリ サービス/技術 SHIFT

各種高単価サービスが急伸し、単体のエンジニア単価が上昇。ハイスキルエンジニアの採用を加速

連結エンジニア数	連結エンジニア単価	単体エンジニア単価	単体の売総率
FY20 4,322人 ▼ FY21 6,115人	FY20末 71.1万円 ▼ FY21末 73.3万円	FY20 71.2万円 ▼ FY21 79.9万円	FY20 29.2% ▼ FY21 31.2%

DAAE売上	アジャイル売上	コンサル売上	特許取得数
FY20 4.4億円 ▼ FY21 16.1億円	FY20 12.7億円 ▼ FY21 18.8億円	FY20 5.7億円 ▼ FY21 13.9億円	FY20 4件 ▼ FY21 8件

一部の数値を抜粋するなら、このような見せ方もあります。この形式は数値を「眺める」のには適していませんが、増減の変化などが非常に分かりやすくなります。
このように文字の大きさを変える手法は、普通の表スライドでも活用できます。

Point 上にタイトルとメッセージ、中央に数値変化の「ボックス」を掲載。数や大きさは、情報量により増減します。

折れ線グラフ

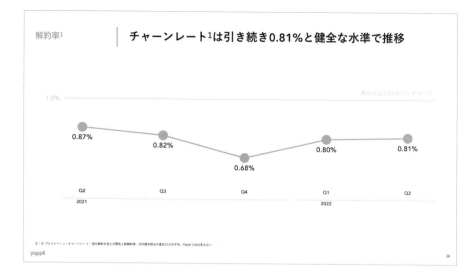

折れ線グラフは、主に時間を横軸として継続的な推移・変化を表すことに用いられます。1本のラインが占めるスペースが比較的少なく、スペースに余白が生まれるため、何本ものグラフを並べて掲載することも、補足する情報をテキストで付け足すことも容易です。

👍 Basic Point

- スライドを占有しにくいため、他のグラフなどと組み合わせやすい。

- 表よりも情報量は少ないだけに、メッセージが必須。

 # 1本の線を大きく見せる

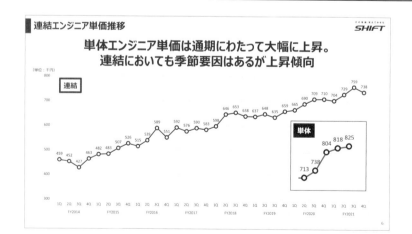

折れ線グラフは、よほど乱高下がない限り、上下幅をあまりとりません。それだけに、あえて「1本の線」だけに絞れば、その重要性が浮かび上がります。マーカー（○△などの印）は白抜きでも塗りつぶしでもかまいませんが、白抜きの方が少しキャッチーな印象になります。

Point 補足情報として、右下に小窓を作っています。グラフでなく、他の情報を掲載してもよいでしょう。

スペースを大きく使って乱高下を表現する

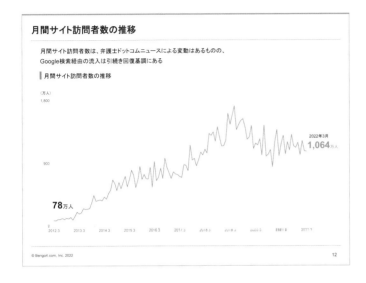

折れ線グラフが「トゲトゲ（乱高下）していて、上下の幅をとるために、1本しか出せない」という場合もあります。

株価の変動なども、こういう態になりやすいです。

縦軸はあえてシンプルにして、必要な数値を別に目立たせることで、重要なポイントが強調されます。

(Point) タイトル、メッセージの下に、グラフを一つだけ配置。縦軸の数値は簡潔です。

同じ縦横軸ならグラフを重ねる

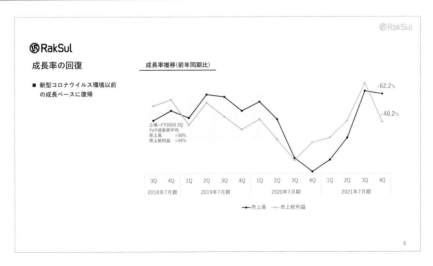

グラフのラインが2本あります。挙動と縦横軸の単位（比率と時間経過）が同じなので重ねて表示できるのです。この資料では、他のスライドも、珍しくタイトルとメッセージを左側に掲載しています。そこを白地、ボディをグレー地にすることで、左側が強調されています。

(Point) 左にメッセージ、右にグラフを含むボディ。重要なところは背景色を変えてハイライト（オレンジ色）しています。

あえてボディを複数に分割

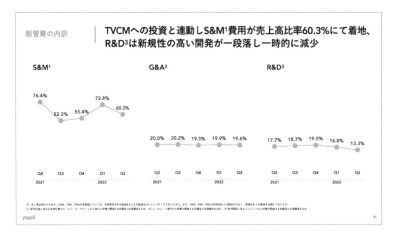

縦軸と横軸が同じグラフでも、同じボディに組み込むと、どれかが目立ち、どれかが目立たなくなることがあります。
このように横並びにすれば、全てが「等価」であることを示せます。縦軸の単位が自明（この場合は％）なら、このように軸がなくても問題ありません。

Point グラフを横に3分割配置。全体にグレーを敷き、ボディを白にしてグラフを浮き上がらせます。

グラフの一部の明度を落とす

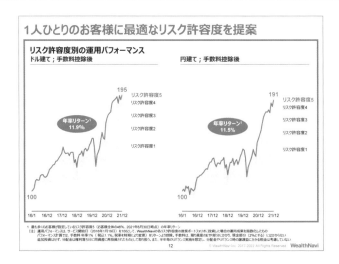

同じような挙動を示すグラフを重ねすぎると見づらくなるため、左右に分けた上で、最重要の線以外は明度を落とすことで、必要な情報を分かりやすく見せています。
なお、ベースが「100」と明記されているため、縦軸がなくても問題ありません。

Point 2本のグラフを見やすくするために左右に分割して、コメントは各グラフの中央に配置しています。

表とグラフでサポートし合う**分割形式**

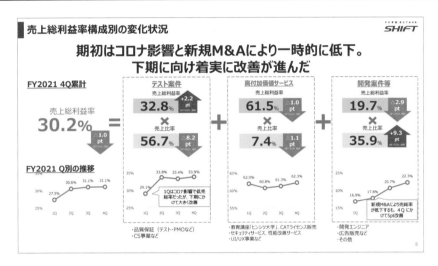

表と折れ線グラフが同居する、かなり珍しいスライドです。表も単純なリストではなく、個別の数値がピックアップされていて、かなりの工夫があります。
ちなみにボディの横分割は、折れ線グラフに限らず四つ程度が限界でしょう。それ以上は視認性が低くなります。

Point 上半分に表を、下半分に折れ線グラフを配置。その更に下に定性的な補足も記載された、情報量の多い一枚です。

インパクトを**最重視**

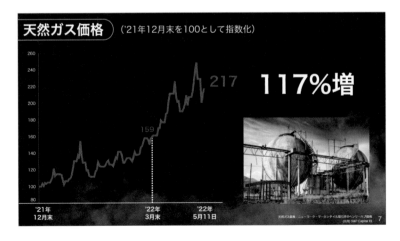

まず赤と黒の配色が目を引きます。真っ黒な背景に白抜き文字。赤色のグラフに写真を補足。情報量を絞り込んだことも相まって、かなりインパクトのある一枚になっています。
白黒反転が前提です。作成は簡単なように見えて、使いこなすのはかなり難しい技法でしょう。

Point 上部にグラフタイトル、ボディの左にグラフ、右にメッセージと画像。形式に囚われていません。

棒グラフ（縦）

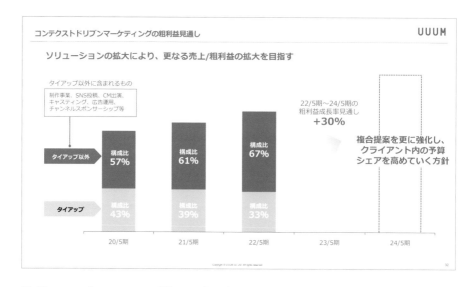

棒グラフはグラフのなかで最も用途が多く、それぞれの用途に応じた多数の表現方法があります。量の多寡・増減を示すことに向いている表現ですが、長期推移も理解しやすく示せます。ここでは主に「棒グラフのみ」を掲載するスライドを紹介します。

👍 Basic Point

● 各棒の色や形態の自由度は高く、様々な意図を示すことが可能。

● 余白の確保も容易で、棒グラフ以外の情報も多く盛り込める。

スタンダードな太さとハイライト

棒グラフスライドのスタンダードと言えます。7本ある棒の配置は間隔が十分で見やすく、推移も追いやすい数です。

赤と青で注目すべき点をハイライトし、矢印で変化を補足。未定の部分は枠を点線にするのも一般的ですが、ここでは半透明にする手法を使っています。

Point 矢印がグラフやテキストのスペースにまで食い込んでいることで、勢いを感じさせます。

縦軸・推移・棒の途中の 三つを省略する

三つの省略技法が使われています。まず、推移の過程で、途中の棒が省かれています。また、縦軸がありません。各棒に数値が記載されているから不要なのです。最後に、右端のグラフの長さが略されています。省略できるところを省略し、必要な情報を上手に見せています。

Point メッセージの下に、タイトルを含むボディ。勢いを表す矢印で、グラフの意図をサポートしています。

最もシンプルな 棒グラフスライド

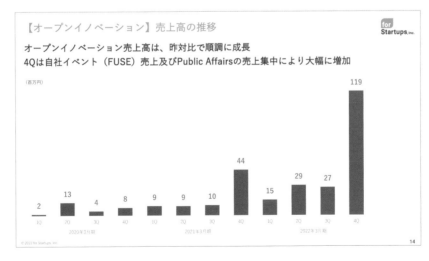

同じ資料の別のスライドでは、赤色などのハイライト、数値へのコメント、縦軸など、多くの技法や装飾を活用しています（左ページ下参照）が、このスライドにはありません。最もシンプルな棒グラフだと言えるでしょう。簡素ですが、メッセージを十分にサポートしています。

Point 余白がかなり大きい、潔い構成です。このシンプルさには、意図と勇気が必要です。

一部を目立たせ他はあえて地味に

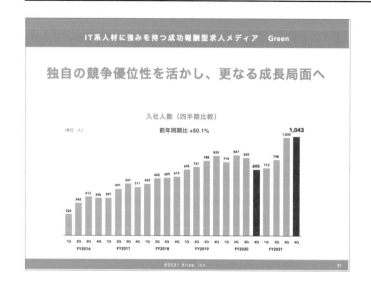

目立たせたい棒を赤（非コーポレートカラー）でハイライトし、他の棒をグレーにしています。

ちなみに、こういうグラフでは、棒の枠を点線にしたり、棒の中を白色にしたりするのは不適な場合が多いです。それらは「不確定な将来」を示す際など、推定値によく使われるからです。

(Point) タイトル、メッセージ、ボディ、フッターで構成。棒の数は多いものの、装飾の少ない標準型です。

面グラフのような棒グラフで推移を強調

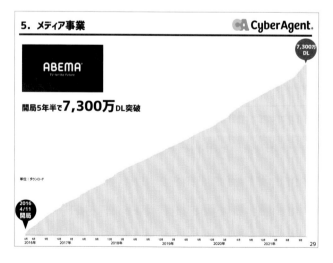

個別の数値をあえて見せず、細かい棒を大量に連ね、グラフ全体の形状で「スタート以来、右肩上がり」というメッセージを伝えています。ほぼ「面グラフ」です。

縦軸がありませんが、両端の「吹き出し」を使って、数値を効果的に見せています。

(Point) 細い棒を大量に合わせてグラフを作成しています。余白はあえて残し、メッセージをクリアに伝えます。

オーソドックスな積み上げ棒グラフ

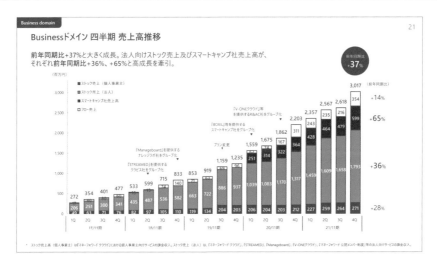

複数の項目を縦に積む「積み上げ棒グラフ」の典型です。棒の各要素（積み上げの段）に数値が入り、必要に応じてコメントを挿入しています。棒の色は、コーポレートカラーを中心に明度と彩度を調整しています。ちなみに16:9の形なら、棒は20本が限度でしょう。

Point タイトル、メッセージ、積み上げ棒グラフの構成です。棒はこれ以上多くなると、見づらくなりそうです。

「区分線」で推移を分かりやすく

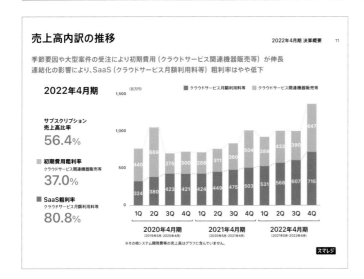

棒グラフの各棒を要素ごとに繋ぐ線を「区分線」と言います。区分線は積み上げ要素が多いと増えすぎて、うるさくなることもありますが、これは要素が2種類なので効果的に活用でき、推移が追いやすくなっています。
積み上げ要素が多い場合には、一部のみ線で繋ぐこともあります。

Point 左側に特記情報、中央〜右側にグラフ。左側の幅をあえて狭くし、グラフを見やすくしています。

カラフルな**積み上げ棒グラフ**

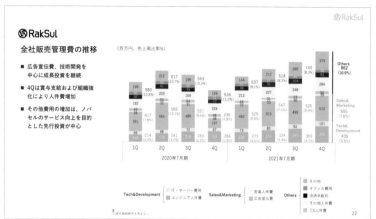

積み上げ棒グラフで棒の中の要素が多い場合、「コーポレートカラーを中心に明度・彩度を少し変化させた色を使う」か、「それぞれ全く別の色を使う」か、という選択肢があります。これはカラフルですが、分野ごとに似た色を用いて、色に意味を持たせています。

Point 右肩上がりのグラフと違って余白に凡例を置けないので、下に分野ごとの凡例を入れています。

細い棒と狭い間隔で見やすい**集合棒グラフ**

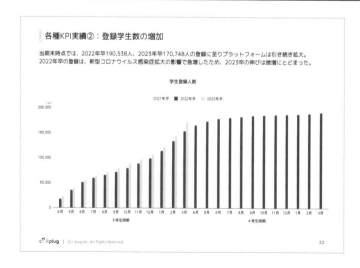

複数の項目を横並びに一塊にして、1本の棒のようにするのが「集合棒グラフ」です。同じような母集団のデータ（この場合は各年度）を比較するのに重用されます。計60本の棒が見やすいように、太さ・間隔・色使いが工夫されています。棒の内訳は「3連」が限度でしょう。

Point タイトル、メッセージ、集合棒グラフを上から並べた構成。60本もの棒を見やすくする工夫があります。

凡例を中央に置いた最適配置

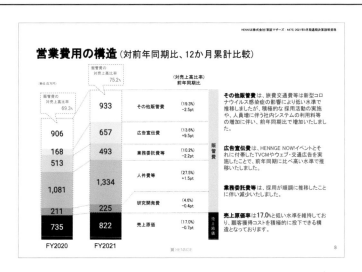

区分線で棒の要素を繋ぎ、その先に凡例と前年比データを配置。右に詳細な解説テキストを入れ、スペースを無駄なく活用しています。吹き出しも含めるとかなり情報は多いのですが、上手に整理することで定量・定性情報のそれぞれがお互いを引き立てています。

Point 左側に棒グラフを、中央に表に近い形で定量数値を、右側に定性的なテキストを関連づけながら配置しています。

積み上げ棒グラフを並列に置く

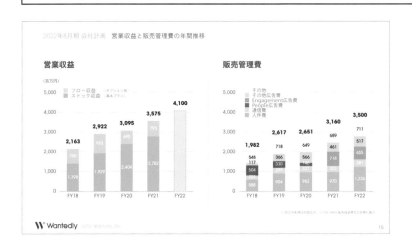

単体のグラフで情報が十分でない場合、複数のグラフを並列配置することがあります。同じ種類のグラフであることも、左右で全く違うタイプや要素のグラフであることもあります。
ここでは積み上げ棒グラフを二つ並べていますが、すっきりして見やすい構成です。

Point 左と右に棒グラフがありますが、どちらも右肩上がりなので、凡例も同じように左上にあります。

白抜き文字をグラフでも活用する

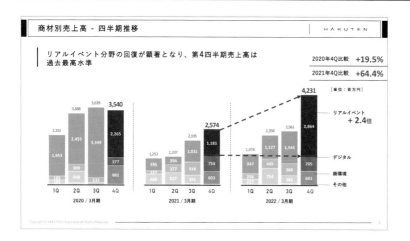

「積み上げ棒グラフ」は要素が多く、明度・彩度の違う同系色を多用することがよくあります。その際、棒の中が暗い色味であれば、白抜き文字にすることでかなり見やすくなります。

また、白抜き文字は、棒の色が多少薄くとも見づらくなりにくいのも特徴です。

(Point) 過去からの推移を、集合棒グラフではなく、積み上げ棒グラフを三つ並列することで表現しています。

左右で棒の数が違ってもバランスは保てる

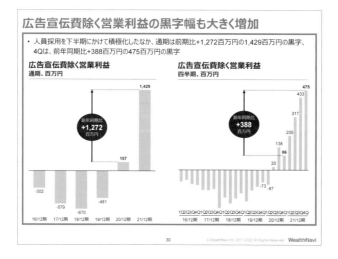

棒グラフは横軸を0としてマイナスを表現しやすいため、このようにマイナスに振ったものも珍しくありません。左右のグラフで棒の本数が全く違いますが、棒の横幅を揃えるのではなく、グラフの横幅を揃えたことで、バランスの良いスライドになっています。

(Point) 最も伝えたいことは、差分を表す丸いオブジェクトです。それが余白に、うまく配置されています。

鮮やかな三つの右肩上がりの矢印で目を引く

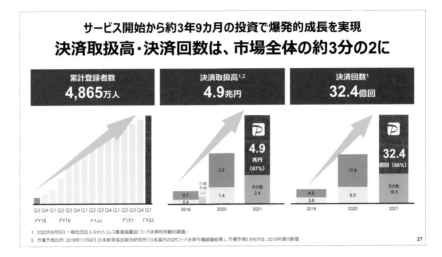

それぞれの細かい数値よりも、「全部が右肩上がり」というメッセージを押し出す三つの棒グラフが目を引きます。テーマカラー（赤）でハイライトした上に、「黄色」という絶対的な強調色で矢印を付加しているところがポイントです。

Point 3等分したボディに、同じフォーマットのグラフ。3本の矢印が、インパクトを大きくしています。

グラフを縦横に敷き詰める

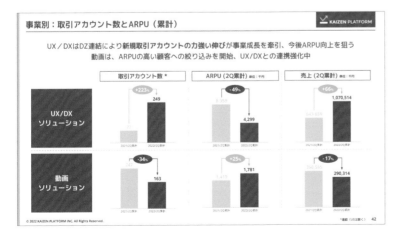

グラフが合計6個ともなると、不要そうな情報（例えば軸）はもちろん、他の情報も除外しなければスペースが足りません。これは全体が表のようにも見え、左側の太い見出しがその効果を後押ししています。
変化が緑色でハイライトされ、見やすさが担保されています。

Point グラフを2×3で、表のように配置しています。左側の見出しが、表の一部のようです。

9
Bar Chart

棒グラフ（横）

棒グラフは「縦向き」（縦棒グラフ）が多いのですが、スペースの都合などで「横向き」（横棒グラフ）を採用する場合もあります。また、項目の数が少なく、各データの数値の差が小さければ、（スライドが横長なので）横棒グラフの方が差を鮮明に見せられます。

👍 Basic Point

● 項目名が長ければ、横棒グラフの方が読みやすい。

● 横棒グラフは長期の時系列データには不向き（理解しづらい）。

2021年9月期　業績概要（計画比）

・上半期の品質保証体制強化及び4Qのキュレーター本部を中心としたプロジェクト掲載体制の見直しの影響により、GMVは計画よりビハインド着地となりましたが、コスト改善の取り組みにより利益は計画を上振れています。

業績計画ライン　　（単位：百万円）

項目	計画比	数値
応援購入総額：GMV（税込）	98.0%	21,536
売上高	98.9%	4,621
営業利益	105.7%	329
経常利益	105.2%	326
当期純利益	119.8%	246

Copyright © Makuake, Inc. All Rights Reserved.

10

項目が長ければ横棒グラフが読みやすい

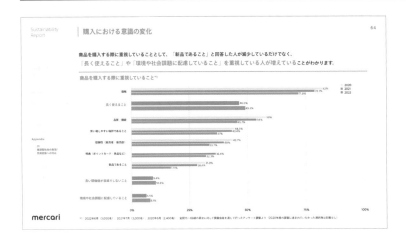

「集合横棒グラフ」です。この形を採用したのは、「アンケートの回答である各項目名が長い」こと、「各項目に2、3本の棒が入るため、縦棒グラフにすると数値の記載スペースが限られる」ことが理由だと思われます。横長スクリーンの形を生かした、賢い選択でしょう。

Point 左にさりげなく目次を配しています。項目名が長いので、横棒グラフとの相性が良い一枚です。

別データを横に並べて比較しやすく

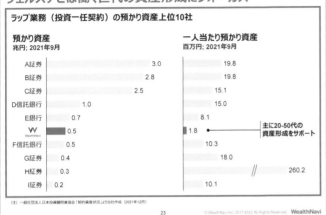

注目させたいデータが「全体の中でどの位置にあるか」「他の指標は周囲と比較してどうか」ということをまとめて示すのに、横棒グラフの複数掲載は向きます。この例では二つのデータについて、ハイライトしている項目と周囲の項目を、上手に比較させています。

Point 左右に大きく配置したグラフの項目の水平位置を同一とし、項目名は左グラフのみに記しています。

左右いっぱいにグラフを使う

横棒グラフはこのように左右をいっぱいに使い、棒の中にしっかり数値を入れたり、吹き出しなどで解説を付けたりするような見せ方が向いています。このスライドの情報量は多くないのですが、大きなグラフに赤のハイライトを上手に使ってインパクトを出し説得力があります。

Point たった2本の棒がほとんどを占めています。片方だけにハイライトを入れ、視線を上手に集めています。

85

棒グラフ 100％積み上げ

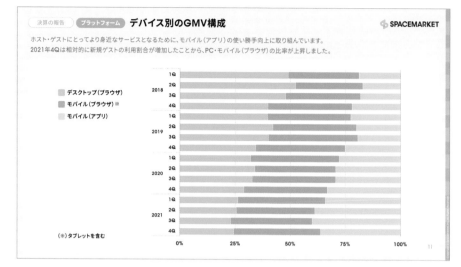

いわゆる「帯グラフ」ですが、パワーポイントでは「100％積み上げ縦棒/横棒グラフ」とされます。「割合」を示すのに特化された役割は円グラフと似ていますが、複数データ（例えば毎年のデータ）の比較を表すことに、より向いています。

👍 Basic Point

- 縦にも横にも作れるので、出力先の大きさに応じて選べる。

- 合計が100％になるため、絶対数の増減を示すには不向き。

年次推移に向く 標準的な100％グラフ

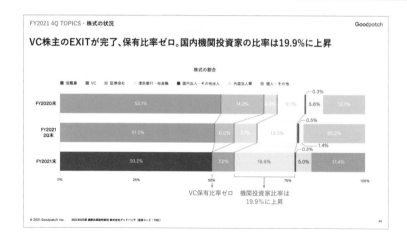

100％積み上げ棒グラフでは、このような「横向き」のシェアが高いです。フォーマットが16：9であれば、太くて短い3本の縦棒を並べる（縦グラフ）よりも横棒を3本並べる（横グラフ）方が、見やすく、スタイリッシュです。横書きのコメントとの親和性も高いです。

Point 左右いっぱいに横長のグラフを3本。下のコメントは区分線の延長。同じ色でハイライトを担います。

「達成率」も表現できる

22年10月期 2Q累計予算進捗

2Q時点の営業利益は1.9億円の計画に対して実績は3億円となり、特に利益面で高い進捗率を達成いたしました。戦略的な投資を行う可能性があることや、派生メディアが下期は季節性要因の剥落やGoogleアルゴリズムアップデートの影響を受けて若干減速する可能性があること等を踏まえて、現時点では期初予想を維持しております

2Q実績と通期予算進捗率

売上収益	**1,021**百万円	進捗率 **54.9**%	1,861百万円
営業利益	**303**百万円	進捗率 **74.6**%	406百万円
当期利益	**206**百万円	進捗率 **74.6**%	276百万円

ASIRO　　　　　　　　　　　　　　　P.10

100%積み上げ棒グラフは、通常は「割合・比率・シェア」を表すために使われます。けれども、この例のように、目標を100%とし、その「達成率（進捗状況）」を表すこともできます。未達の数値部分をグレーにすることで、100%積み上げ棒グラフの特徴を生かしています。

Point 横に3本の棒を配置し、それぞれの達成率を表示。ゆとりがあり、文字フォントを大きく見せられます。

「縦」形式でも見やすくできる

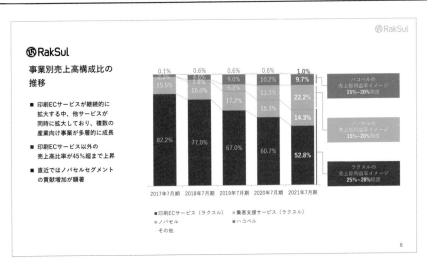

RakSul

事業別売上高構成比の推移

- 印刷ECサービスが継続的に拡大する中、他サービスが同時に拡大しており、複数の産業向け事業が多層的に成長
- 印刷ECサービス以外の売上高比率が45%超まで上昇
- 直近ではノバセルセグメントの貢献増加が顕著

100%積み上げ棒グラフは利用頻度が低いのですが、なかでも「縦」は更に珍しい例です。理由の一つは、長い凡例は横向きのグラフの方が付けやすいからです。それでも、この例のように配置を工夫すれば、縦向きでも十分に見やすくなります。

Point 中央にグラフ、右に各要素の解説、下に凡例を配置。余白を減らせる、上手なレイアウトです。

円グラフ

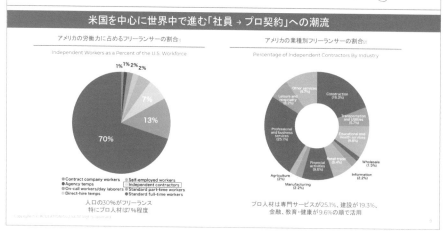

パラダイムシフトする市場(WORK SHIFT × OPEN INNOVATION)

米国を中心に世界中で進む「社員 → プロ契約」への潮流

アメリカの労働力に占めるフリーランサーの割合[1]
Independent Workers as a Percent of the U.S. Workforce

1% 1% 2% 2%
7%
13%
70%

- Contract company workers ● Self-employed workers
- Agency temps □ Independent contractors
- On-call workers/day laborers ● Standard part-time workers
- Direct-hire temps ● Standard full-time workers

人口の30%がフリーランス
特にプロ人材は7%程度

アメリカの業種別フリーランサーの割合[2]
Percentage of Independent Contractors By Industry

Other services (9.7%)
Construction (19.3%)
Leisure and hospitality (8.2%)
Transportation and Utilities (5.7%)
Professional and business services (25.1%)
Educational and Health services (9.6%)
Financial activities (9.6%)
Retail trade (6.4%)
Wholesale (1.5%)
Information (2.2%)
Agriculture (2%)
Manufacturing (2.2%)

プロ人材は専門サービスが25.1%、建設が19.3%、
金融、教育・健康が9.6%の順で活用

円グラフは時間軸上のある一点で「割合」を示すことに特化したグラフです。逆に言えば、変化・推移を追うには適しません。大きくは、一般的なタイプとドーナツ型に分けられます。凡例と割合があればよいので、省スペースの配置が可能です。

👍 Basic Point

- 割合以外を示すには、円グラフは不適な場合が多い。

- 形式は、中央に情報を記載できるドーナツ型が好まれる。

典型的な**ドーナツ型の円グラフ**

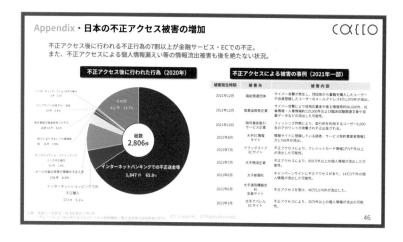

Appendix・**日本の不正アクセス被害の増加**

不正アクセス後に行われる不正行為の7割以上が金融サービス・ECでの不正。
また、不正アクセスによる個人情報漏えい等の情報流出被害も後を絶たない状況。

不正アクセス後に行われた行為（2020年）

インターネットオークションの不正操作
ウェブサイトの改ざん・消去
携帯電話等の無断契約
知人になりすましての情報発信
オンラインゲーム・コミュニティサイトの不正操作
メールの盗み見等の情報の不正入手
インターネットショッピングでの不正購入
172件 6.1%

その他
412件 14.7%

総数
2,806件

インターネットバンキングでの不正送金等
1,847件 65.8%

不正アクセスによる被害の事例（2021年一部）

被害発生時期	被害先	被害内容
2021年12月	福祉関連団体	サイバー攻撃が発生し、同団体から書籍を購入したユーザーや会員登録していたユーザーのメールアドレス4万1,970件が流出。
2021年12月	医薬品開発企業	サイバー攻撃により従業員等や株主情報等約396,000件、社員情報・人事情報が125,000件および臨床試験関連文章等や営業データなどの流出した可能性。
2021年10月	暗号資産取引サービス企業	フィッシング詐欺により、取引所を利用するユーザー6,000名のアカウントが流出され不正送金される。
2021年8月	大手IT情報サイト	情報サイトに登録している読者、サービス契約事業者情報1万3,756件が流出。
2021年7月	ドラッグストアECサイト	不正アクセスにより、クレジットカード情報2万5千件以上が流出した可能性。
2021年7月	大手物流企業	不正アクセスにより、800万件以上の個人情報が流出した可能性。
2021年6月	大手新聞社	キャンペーンサイトに不正アクセスがあり、14万3千件の個人情報が流出した可能性。
2021年6月	大手通信機器会社会員サイト	不正アクセスを受け、40万5,576件が流出した。
2021年3月	大手アパレルECサイト	不正アクセスにより、30万件以上の個人情報が流出の可能性。

46

一目で「何が多いのか」が分かる、円グラフの典型例です。様々な色を使うのではなく、最も大きな割合のところを濃く、それ以外は明度・彩度を抑えた同系色で塗られた典型的なカラーリングで、重要なポイントが分かりやすくなっています。

Point 左にグラフによる定量情報、右に表による定性情報を示すことで、視認性も情報量も確保しています。

非ドーナツ型で「割合」を表現

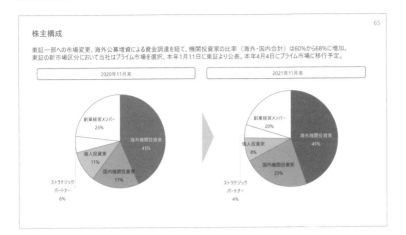

割合の推移を二つの円グラフで表した、これも典型的な円グラフの使用例です。

中央に穴が空いていない「非ドーナツ型」は情報量が減少しますが、この例のように各要素のテキストが長い場合には、かえって見やすくなります。

Point 左右に円グラフを、上にそれぞれのグラフタイトルを配置。中央に推移を示す矢印があります。

情報量よりもインパクト重視

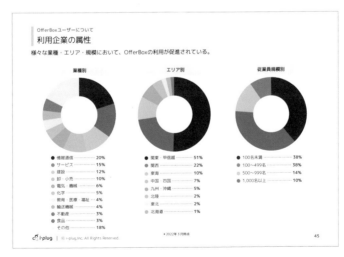

各要素が細かく、それぞれの比率をグラフから正確に読み取るのは難しいでしょう。しかし「様々な要素がある」がメッセージなので、全く問題ありません。情報量は多くありませんが、このようなスライドはメッセージを納得させやすく、インパクトが強いのです。

Point 3個の円グラフと凡例を等しく配置。凡例の占有部が大きいのですが、「多種多様」がメッセージなので妥当です。

円の大きさを変えて規模の拡大を表現

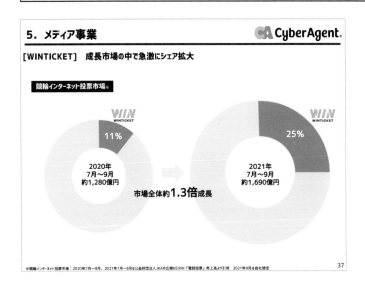

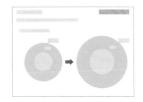

時間の推移による比率の変化だけでなく、全体量の変化も円グラフの大きさで表しています。分かりやすく、視覚的なインパクトが大きい一枚です。

実際の左右比は1.3倍でないようですが、あくまでもイメージなので、厳密なスケールに拘泥する必要はありません。

(Point) 左と右に大きく配置したそれぞれの円グラフの中央にデータ。比率はグラフの円環中に記しています。

円環構造を重層的に使う

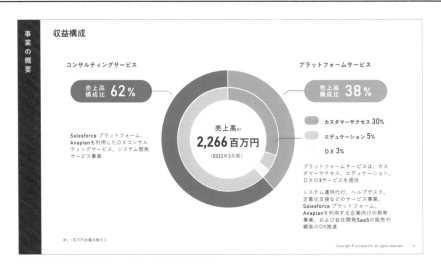

グラフの本体が、外側に構成比、内側にその内訳、という二層構造になっています。多重構造で、円グラフにしては多い情報をすっきり見せるために、内外の輪で色を使い分けています。左右それぞれの解説に、円環と「同じ色」を使うことで、その効果を底上げしています。

(Point) 中央に大きく円グラフを構え、それを左右で解説しています。解説の背景を灰色にすることで、グラフを強調します。

むしろ円の大きさがポイント

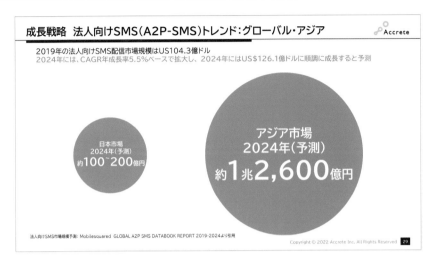

成長戦略　法人向けSMS（A2P-SMS）トレンド：グローバル・アジア　Accrete

2019年の法人向けSMS配信市場規模はUS104.3億ドル
2024年には、CAGR年成長率5.5%ベースで拡大し、2024年にはUS$126.1億ドルに順調に成長すると予測

日本市場
2024年(予測)
約100~200億円

アジア市場
2024年(予測)
約1兆2,600億円

円グラフとは異なりますが、円の大小で規模を示すこともあります。棒グラフなどで比較するよりも、円をスライドいっぱいに配置することで、規模の差異が明確になります。もちろん、円グラフにして割合を補足情報として入れることも可能でしょう。

Point 左に小さな円、右に大きな円を配置するシンプルなスライド構成で、メッセージをクリアに伝えます。

「ベン図」でも割合は表現できる

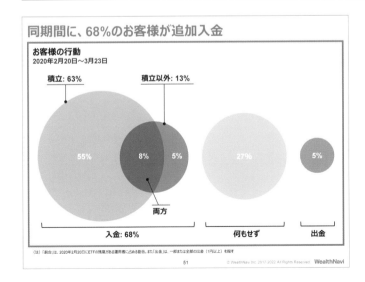

同期間に、68%のお客様が追加入金

お客様の行動
2020年2月20日〜3月23日

積立: 63%　　積立以外: 13%

55%　　8%　　5%　　27%　　5%

両方

入金: 68%　　何もせず　　出金

これも円グラフとは異なりますが、「円形」で「割合」を理解させるには、このようなベン図もあります。他の手法では難しい重なりを表現するのに便利です。ちなみに、円を使う手法としては、他に散布図やバブルチャートもあります。いずれも絶対量を示すために用いられます。

Point 図が画面の大半を占めます。重なり部を目立たせるため、ベン図そのものが大きい必要があります。

滝グラフ

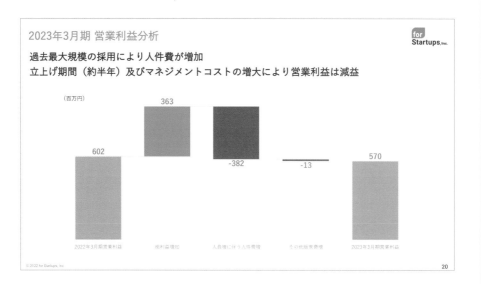

滝グラフ（ウォーターフォール）は、同種の数値の比較（例えば、前期と今期など）、あるいは、ある数値の算出論拠を示すために用いられます。そのため、使う場面は棒グラフや折れ線グラフと比較して限定的です。

👍 Basic Point

- 何らかの「算出」が目的なので、その論拠・補足があるとよい。

- 結論か途中か、メッセージに応じてハイライトの箇所を変える。

オーソドックスな滝グラフ

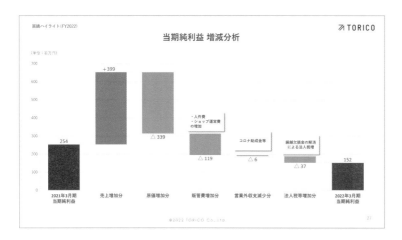

始点と終点を最も濃い赤で、重要な「売上増加分」を次に濃い赤で目立たせ、他の棒はグレーにしています。定性情報が必要な項目には、テキストで付加しています。文字は小さめですが、縦軸・横軸・目盛り線もしっかりあって、推移がよく分かります。かなり親切な一枚です。

Point タイトルなどを除いて、画面いっぱいにグラフを配置しています。

算出と比較の**両にらみ**

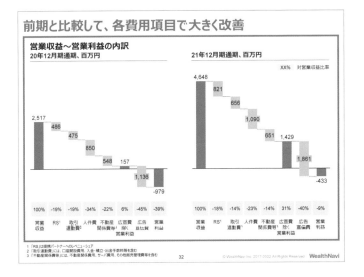

前期と比較して、各費用項目で大きく改善

営業収益〜営業利益の内訳

まず「算出」をした上で、前期と比較しているスライドです。そのため、二つの滝グラフを使っています。目盛り軸はありませんが、左右のグラフのスケールは同じです。定性的な「理由」は記されていませんが、去年との比較そのものが、今年の変化の「理由」となっています。

Point 左右に二つの滝グラフを配置し、下に補足情報を掲載しています。

比較で横向きが**効果的なケース**

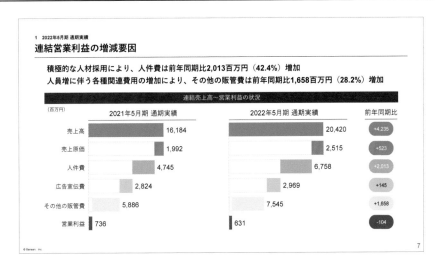

横向き滝グラフはどちらかというとトリッキーな手法ですが、この二つの滝グラフは、どちらも「横向き」です。横向きなので左右の「同じ項目」が比較しやすく、右端に記された前年同期からの変化がそれを強調しています。要素別に同じ青・グレーでも微妙に色調を変えています。

Point 左右にグラフを、右端に二つのグラフから導かれる数値を配置しています。

13

Area Chart

面グラフ

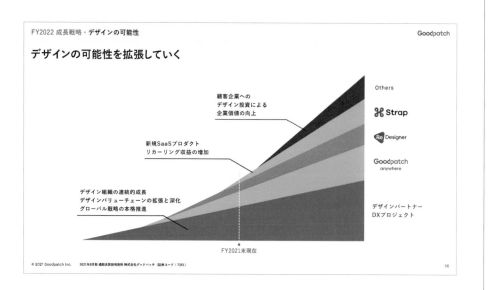

面グラフは主に複数要因による右肩上がりの拡大を視覚的に示すことに使われます。その形式上、細かい数値の表現は難しくなります。なお、「面積グラフ（ツリーマップ）」は別のグラフですが、パワポ資料では貸借対照表以外に、あまり見ません。

👍 Basic Point

● 折れ線グラフや積み上げ棒グラフよりも視覚的インパクトがある。

● インパクト重視なので、細かい数値を入れるのは極力避ける。

視覚的なグラフを数値データでサポート

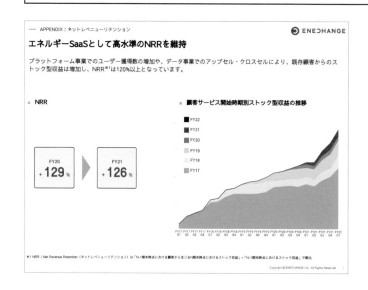

視覚重視の定量データと面グラフを、左右に並べています。面グラフには数値を記すのが難しい（その数値がどの時点を指すか分かりにくいため）ので、重要な情報は別に記載する必要があります。
積み上げた項目の詳細な推移を、表で記してもよいでしょう。

Point 左にメインの数値データを、右にグラフを配置。グラフの余白に凡例があります。

あえて数値を記さない

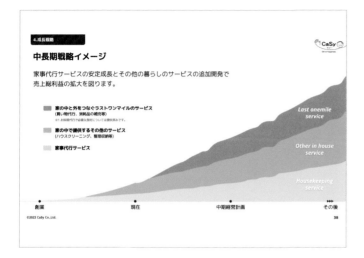

横軸は大まかな時間軸ですが、縦軸の記載がありません（テキストには「売上総利益」とあるが、グラフにはない）。完全なイメージスライドとも言えますが、数値が重要なフォーマットではないので、こういった観念的な形も珍しくありません。白抜き文字も効果的です。

Point 画面いっぱいにグラフを配し、余白に目立ちすぎないグレーを敷いて凡例を記しています。

四分円で拡大を強調する

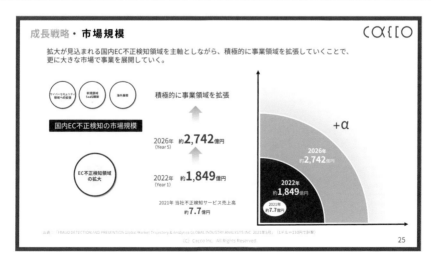

面グラフの亜種「四分円のグラフ」もまた、視覚的に広がりを見せられます。四分円には縦軸・横軸がないため情報量は乏しいのですが、その分、尖った表現になります。これは左のテキストやデータと右の四分円に同じ情報が掲載され、位置と色を合わせています。

Point 左にテキスト、右にグラフを掲載。右の情報は左にも掲載されているので、右側は強調のためだけに存在しています。

複合グラフ
（同一グラフ）

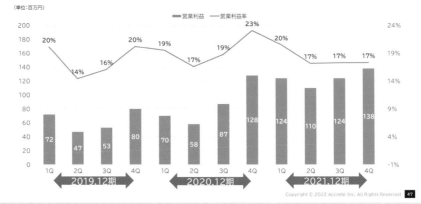

Appendix　四半期別 営業利益の推移

Accrete

積極的な投資実行を行いつつ、売上が増加している為、営業利益率は17％を維持

（単位：百万円）

■営業利益　—営業利益率

	2019.12期				2020.12期				2021.12期			
営業利益	72	47	53	80	70	58	87	128	124	110	124	138
営業利益率	20%	14%	16%	20%	19%	17%	19%	23%	20%	17%	17%	17%

一枚に複数のグラフがあるスライドのうち、横軸を共有する（同一である）タイプを紹介します。パワーポイントでは「組み合わせグラフ」とされています。最も多い組み合わせは、「棒グラフ」＋「折れ線グラフ」です。

👍 Basic Point

● 軸を共有する以上、グラフの組み合わせの自由度は高くない。

● 情報が多いため、メッセージを支える要素だけを残す工夫が必要。

「棒＋折れ線」グラフの標準形

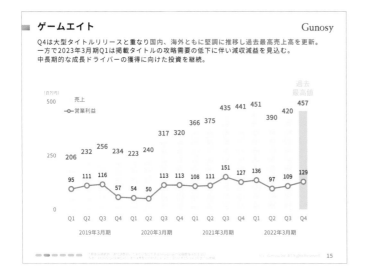

■ ゲームエイト

Gunosy

Q4は大型タイトルリリースと重なり国内、海外ともに堅調に推移し過去最高売上高を更新。
一方で2023年3月期Q1は掲載タイトルの攻略需要の低下に伴い減収減益を見込む。
中長期的な成長ドライバーの獲得に向けた投資を継続。

（百万円）

■売上　—○—営業利益

過去最高値

	2019年3月期				2020年3月期				2021年3月期				2022年3月期			
売上	206	232	256	234	223	240	317	320	366	375	435	441	451	390	420	457
営業利益	95	111	116	57	54	50	113	113	108	111	151	127	136	97	109	129

最も多い複合グラフの組み合わせが、棒グラフ＋折れ線グラフです。重なっても、どちらも見づらくならないためです。
この例では、「棒の色を薄くする」「数値データを上下に分散させる」「マーカーを白抜きにする」などの工夫で、見やすさを保っています。

Point　中央に棒グラフと折れ線グラフを重ねて配置。情報が多いため、余白はあえて残してあるようです。

「棒＋折れ線」グラフの場所を上下で分ける

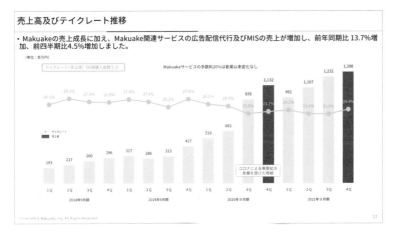

棒グラフは右肩上がりの場合が多いため、左上にスペースが空くことになります。そのスペースに折れ線グラフを入れることは、理にかなっています。

右上部は重なるので少し見づらくなりますが、折れ線グラフの背景を薄黄色にして分かりやすくしています。

(Point) 折れ線グラフをアピールするために、薄黄色を背景として場所を切り分けています。

「積み上げ棒＋折れ線」グラフも複合可能

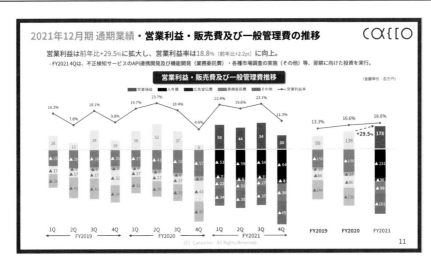

複合グラフは情報が多くなるため、要素が少ない棒グラフを採用することが多いのですが、このような「積み上げ棒グラフ」もままあります。スペースの余裕がないためグラフの縦軸などを記載しないことも多く、このような「％と実数」の組み合わせはよく見られます。

(Point) 上に折れ線グラフ、下に棒グラフの配置です。右側のグラフは、左のグラフを年度ごとにまとめたものです。

グラフを完全に分離する

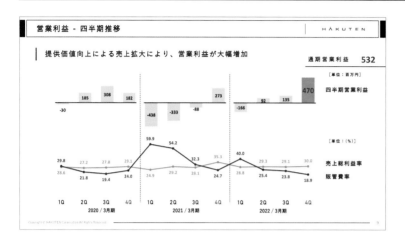

複合グラフを少しでも見やすくする工夫として、このようにグラフ間を広めにとる技法があります。これによって、グラフやデータラベルの重なりがなくなります。棒グラフの縦幅が小さくなる欠点がありますが、それが問題なければ、見やすくさせる最適な手法です。

Point 棒グラフが上、折れ線グラフが下は珍しい構成。軸や余計なオブジェクトがなくすっきりしています。

工夫して集合棒グラフの混雑に対応する

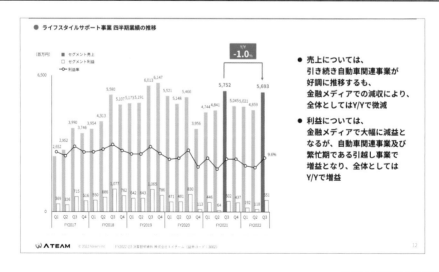

棒の本数が多い「集合棒グラフ」を含む複合グラフは、データラベルなどで多少の重なりを避けられません。それでも、このようにフォントサイズを工夫し、折れ線グラフの位置を調整すれば見やすくなります。二つの棒グラフの大きさに差があるのも、見やすい要因の一つです。

Point 棒グラフを縦長にして、中央に独立した折れ線グラフを配置しています。

「折れ線３本＋集合棒」でもすっきりした一枚

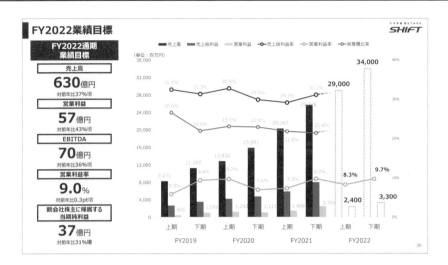

折れ線グラフの線が３本、集合棒グラフの棒が22本。渋滞を起こしそうです。しかし、色のバランス、将来予測部分のフォーマット変更（破線、消失）、グラフが重ならない工夫、文字の色設定などで、画面のうるささをかなり低減しています。

Point 右側の複合グラフのスペースには、上中下に折れ線グラフを、棒グラフの邪魔にならないように配置しています。

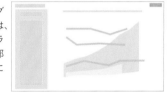

線と重なる面グラフでも見やすく工夫できる

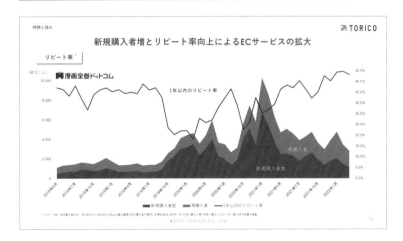

面グラフは棒グラフの集合体のようにも見えるせいか、「折れ線＋棒」グラフと同じように、「折れ線＋面」グラフの複合グラフもよくあります。見やすくするポイントは棒グラフとの場合と同じですが、塗りつぶされているだけにグラフ同士を重ねない配慮が必要です。

Point 赤い折れ線グラフとグレーの面グラフ。二つが重なる部分は、明度が高い灰色で見やすくしています。

複合グラフ
（別グラフ）

左右や上下に「別のグラフ」が配置されている「複合グラフ」を紹介します。違う型のグラフを組み合わせる例は珍しくありません。自由度はかなり高く、前項で紹介したような「組み合わせ」グラフを複数配置するケースもままあります。

👍 Basic Point

● 軸を共有しないので、各グラフを自由に配置できる。

● グラフが二つ以上だと圧迫感が大きくなるため、情報を削る必要も。

同じ形式の組み合わせグラフを二つ並べる

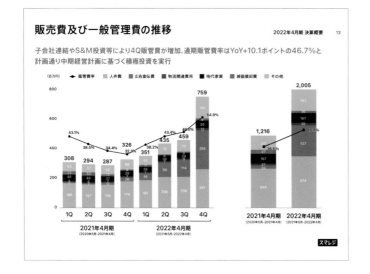

左右とも同じ、積み上げ棒グラフ＋折れ線グラフの「組み合わせ」です。この例では縦軸が同じなので、省略が可能です。左右のスペースが異なるのは、右の2本は左のデータをまとめたものだからです。公平にしようと配分を同じにすると、かえって意図が伝わりにくくなります。

Point 左右で横幅が異なりますが、項目の数が違うので当然です。

「積み上げ棒＋折れ線」グラフの組み合わせ

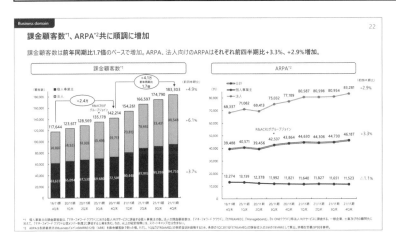

左は積み上げ棒グラフ、右は折れ線グラフです。全く別のグラフで、数値がそれぞれ重要なので、縦・横軸も両方にあります。棒グラフのデータラベルを黒文字と白文字に使い分ける工夫で少し見やすくなっており、フォントサイズを小さくして必要情報を担保しています。

Point メッセージの下に、独立したグラフを左右に配置。

シンプルな「棒＋円」グラフの組み合わせ

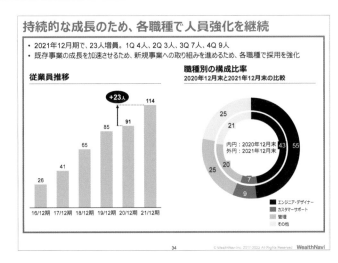

左は単純な棒グラフ、右は二層になった円グラフの組み合わせです。両方とも手の込みすぎていないシンプルなグラフにできたのは、不必要なオブジェクトの重複をなくして、余白を十分に確保したからでしょう。

Point 左右ともに、シンプルなグラフを配しています。棒グラフの左上や、円グラフの周囲の余白が効いています。

101

15 複合グラフ（別グラフ）

片方が「補足情報」のパターン

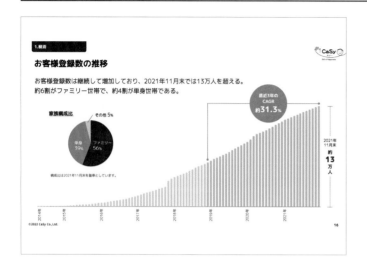

二つのオブジェクトが主従関係にあるパターンは珍しいのですが、このスライドは棒グラフが円グラフを従えています。円グラフが示す構成比を「積み上げ」として棒グラフに盛り込むこともできますが、あえて分けることで、補足情報としての位置づけを明確にしています。

Point 右肩上がり棒グラフの余白に、円グラフを配置。背景をグレーにして、「おまけ」感を強調します。

「棒＋面」グラフの珍しい組み合わせ

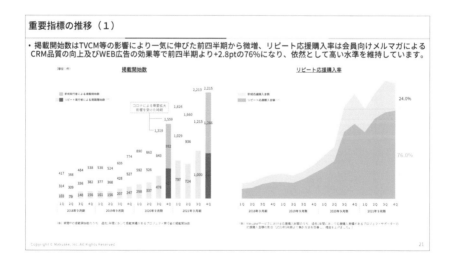

左に棒グラフ、右に面グラフの組み合わせです。面グラフの出現頻度が低いので、珍しい組み合わせです。
面グラフは画面全体を使うことでインパクトを出す場合が多いのですが、このようにページの半分でも十分です。ビビッドなカラーも、目立たせるのに効果的です。

Point 左右に独立してグラフを配置。タイトル・凡例・軸の位置を左右同じにして、見た目の統一感を実現しています。

「棒＋折れ線」グラフと「表」を並べる

グラフではなく、「表」との組み合わせも多いです。この例では、左に組み合わせグラフ、右に「概要データ」らしい表が貼り付けられています。矢印のオブジェクトと大きめのフォントサイズも相まって、全般的にポップな印象になっています。

Point スペースが必要そうなグラフの幅をあえて絞り、逆に狭くできそうな表の幅を広げ、文字の大きさを保っています。

「集合棒＋折れ線」グラフと「表」を並べる

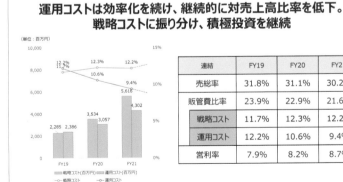

集合棒グラフを掲載するには、どうしても横幅が必要になります。そのため、この例では3カ年（6本）に絞っています。
折れ線グラフ・棒グラフ・表で、それぞれ「色」がリンクしているのは、複合グラフならではの見やすい工夫です。

Point 表のスペースを確保するために、グラフの幅を狭めています。ほどよく余白が点在する良い塩梅です。

多様なグラフを横並びに3連配置

面グラフ・棒グラフ・折れ線グラフが同じ幅で並んでいます。三つとも要素・装飾が少ないシンプルな作りで、オレンジのハイライトも相まって、見やすくなっています。情報を削るのは難しいものですが、メッセージに不要な情報はこのように思い切って削るのが得策です。

Point 複数のグラフがあると、人はそのスペースで無意識に軽重を判断します。同じ幅で等価だと示します。

3連グラフを変則的に配置

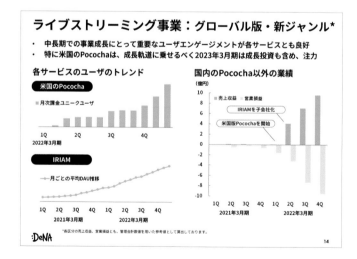

三つのグラフが「左の2個」と「右の1個」の2群に分かれています。枠などで囲んではいませんが、配置の仕方でそれが分かります。複数のグラフを一枚に掲載する際、スペースに合わせて配置しがちですが、このようにグラフが持つ意味に応じて作成・配置すべきでしょう。

Point ボディの左にグラフを縦に二つ積み、「二つで一群」という意味になっています。

二つの比較を「棒＋円」グラフ×２段で

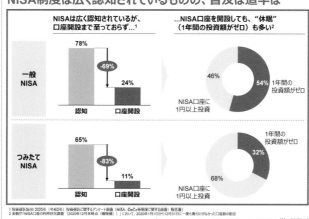

「棒グラフと円グラフのセット」を上下２段で展開しています。スペースに限界があるため、各グラフのテキストやデータラベルは極力少なめで構成されています。スライドが「２色刷り」のため、特に情報が少なめに見えます。すっきりして好印象を与える一枚です。

Point 2×2のグラフ配置ですが、左に見出しが、上に解説があって、スライド全体が表のように見えます。

巨大なフォントで**グラフをサポート**

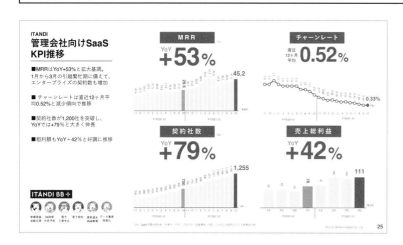

全く異なる内容のデータを示すグラフが４個、配置されています。各グラフの上部には巨大なデータがサポート役として存在し、細かいデータラベルや軸の視認性は低くても、さながら「アイコン」のような役割を果たして数値を印象づけています。

Point 左1/3にタイトルなど。残り2/3を上下左右に４分割し、グラフタイトルと数値を目立たせています。

ガントチャート、タイムライン

2 各サービスの成長戦略
「Sansan」：さらなる機能強化

2022年6月より、プロダクト刷新後の主要機能の利用が開始
2022年8月以降、メールの接点情報の可視化やリスク検索等のさらなる機能強化を予定

「予定」「時系列表」など、時間の推移を伴うコンテンツを表現するには、ガントチャート（工程管理表）やタイムライン（予定表、年表等）など、線上や表内に時間を記載する形式や、矢羽根、矢印などを利用する方法があります。

👍 Basic Point

● 計画などにはガントチャートとタイムラインなどが主に使われる。

● 調整が利きやすいよう、それぞれ独立した図形で作成したい。

 ## 典型的な **ガントチャート**

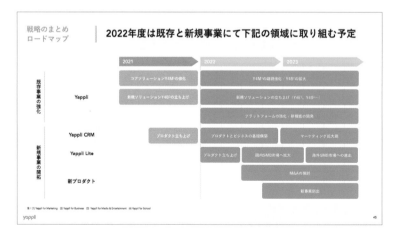

ガントチャートとは「いつまでに何をやるか」を視覚的に示すツールで、将来の予定を示すのに最適です。
このスライドは、ロードマップ（計画案）を説明したガントチャートの典型例です。パワーポイントで示すなら、この程度の情報粒度が最適でしょう。

Point ガントチャートは過去を灰色、将来を青で表現し、実績と予定が区分されています。

簡易なガントチャート

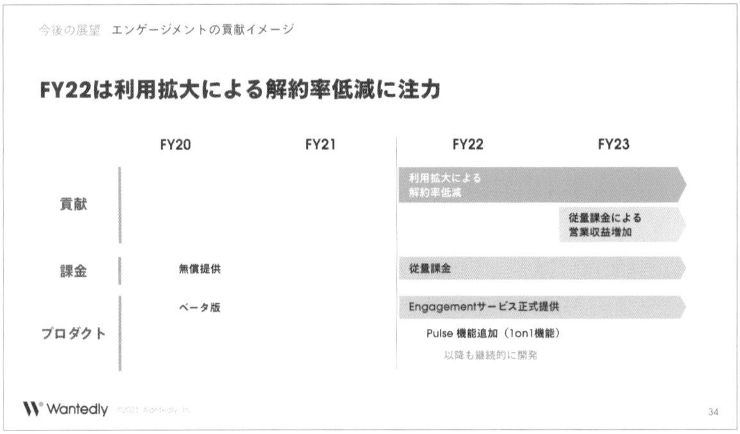

前ページ下のスライドはかなり具体的なガントチャートですが、役員や投資家など、現場の人間ではない人々に理解してもらう際には、この程度に情報を絞ってもよいでしょう。難しいことは省き、初見でも分かりやすくしています。

Point 表のように「縦横」（ここでは3×4）を意識すると、ガントチャートは見やすくなります。

矢印を使ったガントチャートの亜種

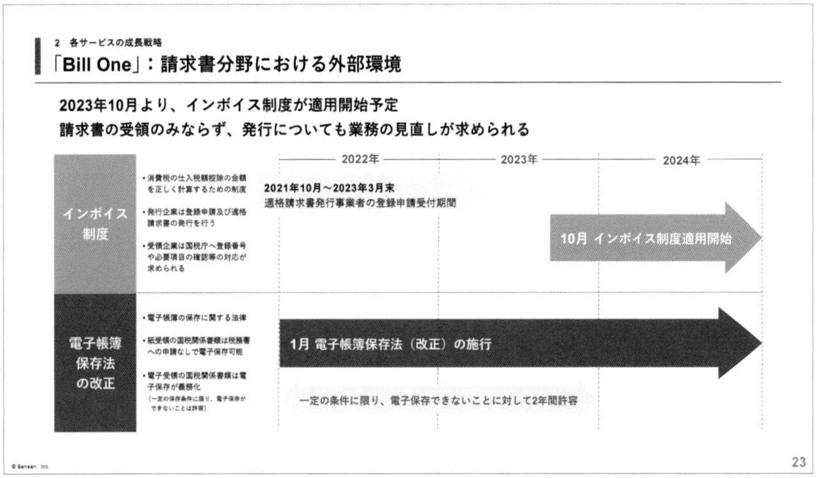

ガントチャートの亜種と言えます。矢印の形にすることで、より「時間軸」感をアピールできます。なお、ガントチャートの更新は、エクセルなどの表計算ツールを利用すべきです。パワーポイントは「見せるため」のツールなので、日々のスケジュール管理には不向きです。

Point 画面に大きくガントチャートを配置。各見出しのボックスと矢印の色が同期しているのは、分かりやすい工夫です。

横一列の**タイムライン**

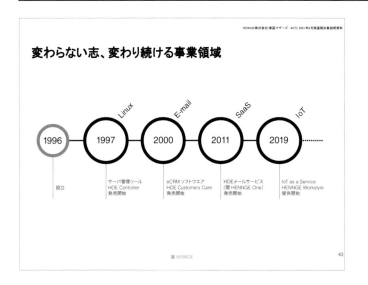

単純な時系列なら、線上に時間を記載する「タイムライン」がよいでしょう。このように線上に時間（ここでは年）を記載する場合や、線の脇に記載する場合などがあります。

ここでは線そのものが重要なので、コメント（補足）は小さめです。

Point 真横に1本の長い線を引き、その上に円を複数設置。最もシンプルな形のタイムラインです。

タイムラインを右肩上がりに

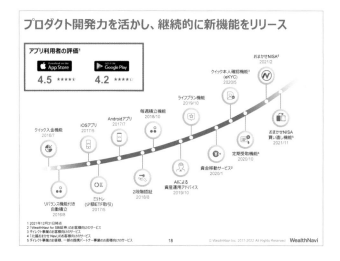

直線のタイムラインの方が見やすいと思うかもしれませんが、「右肩上がりのタイムライン」なら、「成長」や「進化」という印象を与えることができます。
線を湾曲させたことと、アイコンを駆使したことで、より柔らかい印象になっています。

Point 左下から右上に上がる1本のラインの上下に、円に囲まれたアイコンと文言を配置しています。

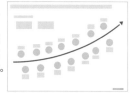

「収束」実現に向かう印象をタイムラインで

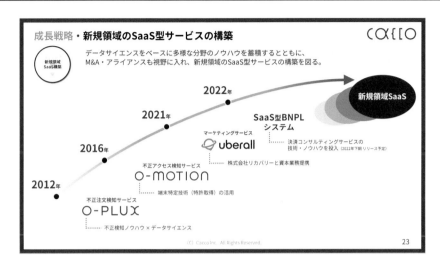

これもタイムラインの線（矢印）が緩やかなカーブを描いていることが特徴です。数学的には「収束」実現に向かっていると言えますが、スライドで与える印象も、どちらかと言えば「地に足がついた」に近いでしょう。余白の多さや色合いも、その印象に拍車をかけます。

Point 左下から右上に緩やかなラインを描きます。文字やアイコンは大きいのですが、余白のゆとりも確保しています。

矢羽根で推移を示す

時間軸の表現には、ガントチャートやタイムライン以外に「矢羽根」という手法があります。矢印のようなオブジェクトで一方向への「流れ」を示します。この矢羽根は左から右へステップが流れていることを示し、下段でその詳細を記しています。段は通常1、2個です。

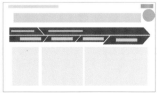

Point 横一直線に赤・青で構成されたオブジェクトが「矢羽根」。中の文言が推移（フロー）を表します。

会社概要

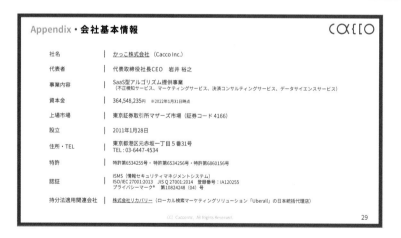

会社概要

会社名	株式会社i-plug
所在地	大阪府大阪市淀川区西中島5-11-8　セントアネックスビル3階
拠点	東京オフィス（東京都品川区）、名古屋オフィス（愛知県名古屋市中区）
設立	2012年4月18日
資本金	644百万円（2022年3月末時点）
事業内容	新卒ダイレクトリクルーティングサービス「OfferBox」の開発・運営等

役員	代表取締役CEO	中野　智哉	社外取締役	阪田　黄郁
	取締役CFO	田中　伸明	執行役員CPO	上島　茂剛
	取締役COO	直木　英訓	執行役員CHRO	土泉　智一
	取締役	志村　日出男	常勤監査役	赤木　孝一
	取締役CSO	秋澤　大樹	社外監査役	中澤　未生子
	社外取締役	田中　邦裕	社外監査役	廣瀬　好伸

従業員数	（単体）178名　（連結）205名（2022年3月末時点）
関係会社	株式会社イー・ファルコン、株式会社pacebox（2022.4/1設立）

i-plug | © i-plug,Inc. All Rights Reserved.　　　　5

会社概要とは、主に自社の客観的な情報を紹介する資料です。数十枚のスライドで会社紹介をする場合もありますが、「概要」として一枚ですませることもあります。後者であれば、いかに情報を絞り込み、いかにすっきり見せるかがポイントになります。

👍 Basic Point

● 定量的な情報も多いため、テキストが中心のスライドも一般的。

● 営業資料や提案資料など、いろいろ使い回せる様式が好まれる。

必要な文字情報のみを掲載する

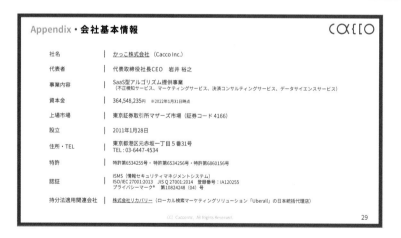

Appendix・会社基本情報　　　　cacco

社名	かっこ株式会社（Cacco Inc.）
代表者	代表取締役社長CEO　岩井　裕之
事業内容	SaaS型アルゴリズム提供事業 （不正検知サービス、マーケティングサービス、決済コンサルティングサービス、データサイエンスサービス）
資本金	364,548,235円　※2022年1月31日時点
上場市場	東京証券取引所マザーズ市場（証券コード4166）
設立	2011年1月28日
住所・TEL	東京都港区元赤坂一丁目5番31号 TEL：03-6447-4534
特許	特許第6534255号・特許第6534256号・特許第6860156号
認証	ISMS（情報セキュリティマネジメントシステム） ISO/IEC 27001:2013　JIS Q 27001:2014　登録番号：IA120255 プライバシーマーク®　第10824248（04）号
持分法適用関連会社	株式会社リカバリー（ローカル検索マーケティングソリューション「Uberall」の日本統括代理店）

(C) Cacco Inc. All Rights Reserved.　　　29

会社概要のオーソドックスなスタイルです。定量的・定性的に各項目を説明します。画面が寂しければ、縞状の表のようにしてもよいでしょう。この様式で求められる情報は社名や代表者名など、ある程度決まっているものの、「かくあるべし」というルールはありません。

(Point) 左に項目名、右にその内容を記載します。文字が多いスライドなので、余白は多めの方が好まれます。

写真やイラストを添えてキャッチーに

情報量こそ絞られますが、画面の半分を写真やイラストで占める手法はよく見られます。ディバイダーなどでよく用いられる抽象的な画像よりも、自社サービスを象徴する画像の方が適します。このスライドのように、オフィスの画像や所在地（地図）も好まれます。

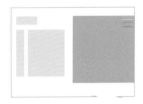

Point 左に情報を、右に写真を掲載。フォントサイズは「文字のみ」のスライドよりも少し小さくなります。

あえて詳細な情報を載せないケース

極端に情報が絞られたスライドですが、これも会社概要（紹介）の一種です。どちらかというと、ビジョンなどを説明するスライドに多い形式です。細かい自己紹介情報よりも、シーンによってはこちらの方が望まれるかもしれません。

Point 黒系の背景に、白抜き（黄色）のオブジェクトと文字を配置。イラストも文字も、ともに大きく表示されています。

沿革

会社概要 ｜ 沿革

会社概要と地続きで提供されることが多いスライドが「沿革」です。企業（まれに事業、商品）のこれまでの歩みが、時系列で分かるフォーマットや情報が求められます。掲載する情報が比較的恣意的でも問題ないでしょう。

👍 Basic Point

● 時系列で情報が分かれば、フォーマットは自由。

● 会社概要と併せて一枚のスライドになる場合もままある。

「年月」＋「内容」を文字のみでシンプルに

沿革

2013.4	ウィルグループ子会社セントメディア（現:株式会社ウィルオブ・ワーク）のネットジンザイバンク事業部発足
2016.9	会社分割により、株式会社ネットジンザイバンクを新設（ウィルグループ100％出資子会社）
2018.3	フォースタートアップス株式会社に社名変更
2018.4	日本ベンチャーキャピタル協会に入会
2018.5	成長産業領域に特化した情報プラットフォーム「STARTUP DB」リリース
2019.4	オープンイノベーションサービスを開始
2019.7	Crunchbase, Inc.（米国）との業務提携を開始
2020.3	東京証券取引所マザーズに上場（証券コード 7089）
2020.6	一般社団法人日本経済団体連合会（経団連）に入会
2020.8	SMBCグループとの業務提携を開始
2021.1	新経済連盟（新経連）に入会
2021.8	フォースタートアップス1号投資事業有限責任組合設立

会社概要のオーソドックスなスタイルと全く同じです。1行おきに網を掛けるなど、縞状にする様式もままあります。
このように左側の年月を太字にしたりコーポレートカラーにしたりすると、少し見た目が華やかになり、キャッチーな印象になります。

Point 会社概要と似ています。左側に年月、右側に内容を記載します。どの企業でも、似た様式になります。

時系列を横の「軸」で表現

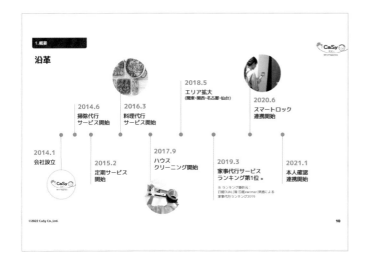

タイムライン形式の沿革です。時間を表す軸にマーカーをプロットし、そこから線を引いてコメントや画像を挿入しています。軸から少し離れた場所にコメントや画像を入れる際には、このような工夫で「どの時点の情報」かを示すと分かりやすくなります。

(Point) 中央に引いた線の上下にコメントや画像を配置。画像は丸くトリミングされて、柔らかい印象です。

「歴史」と「数値データ」の推移を併せて

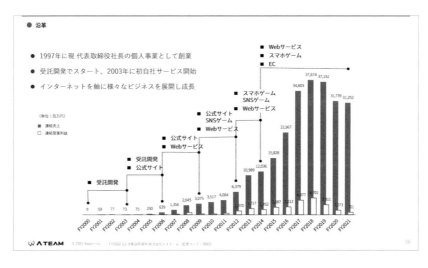

沿革と別に時系列データを示す手法です。この例では「定性的な企業情報」と「売上・営業利益の棒グラフ」とを併記しています。情報量が多く、画面が少しだけ忙しくなりますが、この一枚でこれまでの歩みと実績の両方を表すことができ、読み手の理解を後押しします。

(Point) 右下に棒グラフで定量情報、空きスペースに年代毎の主力ビジネスなどの定性情報が記載されます。

ビジョン、ミッション、バリュー

今後の展望　ミッション

シゴトでココロオドル
ひとをふやす

Wantedlyはシゴトでココロオドルひとをふやすために、働くすべての人が共感を通じて「であい/Discover」「つながり/Connect」「つながりを深める/Engage」ためのビジネスSNSを提供しています。

W Wantedly ©2021 Wantedly, Inc.

企業も自社の理念・目標・価値観などを表明することが重要な昨今です。B2BでもB2Cでも、市場や顧客の理解や共感を得る必要があり、そのための説明資料も用意することになります。多分に「熱意」が重要になるパートだと言えるでしょう。

👍 Basic Point

- 定量的なデータよりも、「強い意志・思い」が打ち出される。

- 細かなテクニックよりも、プレーンな表現が採用されがち。

一言の強いコーポレートメッセージを「見せる」

Who We Are ?　　　　　　　　　ⓒ CIRCULATION

OUR VISION
世界中の経験・知見が循環する社会の創造

知のめぐりを良くするプラットフォームを提供しています。

ビジョン、ミッション、コアバリューなどのコーポレートメッセージは、力強く一言で打ち出せば十分かもしれません。説明が必要なほど複雑なメッセージは通常採用されないためです。そのため、「読ませる」よりも「見せる」ような表現になることが多いでしょう。

Point 中央に、大きくて太いフォントで文言を記載。それを強調するため、他はロゴと簡単な補足のみです。

説明は詳細でも、装飾は シンプルをキープ

「一言でも十分」な場合がある一方で、ミッション・ビジョン・バリューそれぞれの説明を載せるスライドもあります。

これは画像イメージと詳細な説明を載せていますが、オブジェクトの数などデザインの工夫は限定的にして、シンプルな印象を与えています。

(Point) 使用するアイコンや写真の大きさによっては、横並びや縦並びの表現もあり得ます。

経営層からのメッセージには 顔写真が有効

「経営層からのメッセージ」というスライドは珍しくありません。そのタイトル（あるいは強調ポイント）が、そのままビジョンやミッションであることも多いのです。人の言葉を載せる際には、顔写真があると説得力が増します。コーポレートイメージに沿った写真が必要です。

(Point) 左に小さめの文字でメッセージを、右に代表の写真を配置。イメージ画像よりも人物写真が推奨されるケースです。

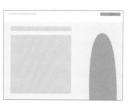

20

Service, Business Overview

サービス、事業概要

自社のサービスや事業の説明では、特に「分かりやすさ」が求められます。一枚のスライドでサービスのイメージ、役割、利用シーンなどを印象づける必要があります。そのため、どの会社もかなり力の入ったスライドを用意することが多いでしょう。

👍 Basic Point

● 詳細な「説明書」のようにするよりも、強く印象づける方が大事。

● ポスターに近いイメージ等、他スライドとは異質なフォーマットも。

 ## スライドのほぼ全体にイメージ画像を使う

タイトルとメッセージ以外のテキスト要素をほぼ全て省き、残りをイメージ（写真やイラスト）で占めています。この手法は、この例のように、ある程度はサービスが知られている場合や、見た瞬間に何かが分かる場合（例：食品）でのみ有効です。

(Point) 上部にタイトルとメッセージ、それ以外は全て画像。画像中央部にロゴとキャッチコピーを配置。

背景色付きの写真を簡潔な説明でサポート

背景色に気を配ったサービスイメージ（写真）が、まず目に入ります。写真のインパクトを重視したいため、文字による解説は余白をたっぷりとり、文章の羅列にならないように「タイトル」「見出し」「本文」で色やフォントサイズなどを分け、それぞれ簡潔に記しています。

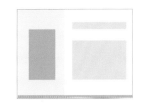

Point 左1/3程度を全く別の色とすることでメリハリを利かせ、受け手に重要なスライドだと認識させます。

画像をメインにして機能の特徴を説明

新商品やなじみの薄いサービスを紹介するには、その機能や特徴の説明が必要です。しかし、文字の羅列では興味をそそらず、頭に入りにくいため、画像を大きく主として用い、小見出しを除くテキストを補足情報程度の扱いにしています。

Point ボディの上部にサービスイメージ、その下を横に4等分して、画像とテキストをそれぞれ配置します。

情報を盛り込んで一枚でうまく収める

サービス紹介や営業には、数十枚にわたる資料や、商品の実物などがある方が楽かもしれません。しかし、短時間のエレベータートークでは、このように一枚のスライドで事足らせます。サービスの概要はもちろん、実績や差別化要素など、ふんだんに情報を盛り込んでいます。

Point ボディの左右で文字を多く使いサービスを解説していますがフォントや配置の工夫で飽きさせません。

一枚で複数の似たサービスを紹介

サービス内容やコンセプトが似ているなら、一枚のスライドで複数を紹介できます。この例では、いずれも商品イメージを大きく表示して、最低限の解説にしています。詳細な説明は別に用意し、割り切って「複数のターゲットに刺さるサービスがある」ことを説明します。

Point サービス紹介関連のスライドは、余白が多い傾向にあります。別の場所での詳細説明が前提になっています。

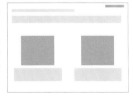

ビジネスで利用する「シーン」を説明

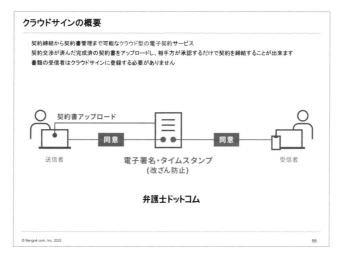

ソフトウェアやサービスなど、ハードがない商品（特にB2B向け）は商材を簡単に説明することが難しいものです。その場合には、利用シーンと、そのシーンにおけるサービスの役割を解説しましょう。「何に使うか」が分かれば、どんなサービスかをイメージしやすくなります。

(Point) 「ビジネスモデル」と同じように、自社のサービスを中心に、関係者とその関係を記載します。

完全に「イメージ」に振り切ってみる

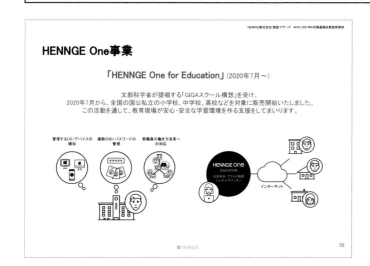

上よりも更に「概念」的なスライドです。サービスの中身を説明するというよりも、大まかなイメージを喚起します。ファミリー向けテレビゲームの広告のように、利用シーン（例：家族でそれを遊んでいる場面）の方が、コンテンツの詳細（ゲームの中身）より重要になっています。

(Point) 左右ともに、アイコンで「課題」と「利用シーン」を説明。写真を使わないため、淡々とした印象です。

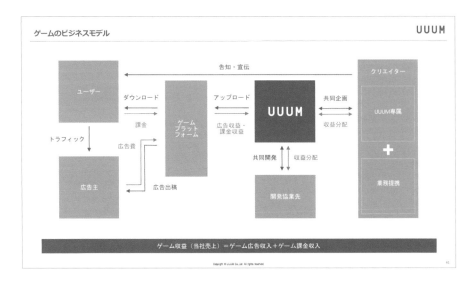

21 Business Model

ビジネスモデル

ビジネスモデルを紹介するスライドに必要な要素は、「関係者」「対価」「サービス」、そしてその「流れ」です。「仕入れ→製造→販売」という誰もが理解できるビジネスモデルはもはや少なく、アイコンを活用した分かりやすい説明が求められます。

👍 Basic Point

● 現代のビジネスは複雑。説明と関連の薄い情報は除きたい。

● 「対価やサービスの流れ」以外を解説することもある。

ビジネスモデル解説の典型例

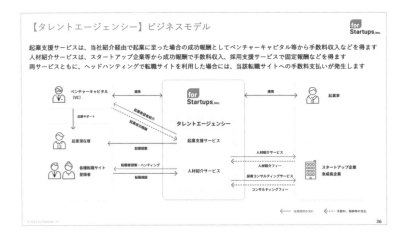

関係者をアイコン付きで明記した上で、それぞれを「対価やサービスの流れを示す矢印で繋ぐ」という、ごく一般的なビジネスモデル紹介です。「支払（対価）」と「役務（サービス）」で矢印の色を分けることで、それぞれの流れが理解しやすくなっているのもポイントです。

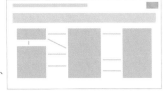

Point 左・中・右にボディを分けています。ビジネスモデルの紹介では、たいてい自社が中心になります。

120

三項関係は三角形で**理解しやすい**

一般論として、三つ巴や三角関係など「登場人物が3」という状況は感覚的に分かりやすいものです。

ビジネスモデルの解説でも、このように関係者が3者であれば、三角形で関係を示すことで、理解されやすくなります。

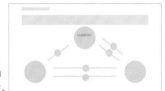

(Point) 自社を頂点に、三角形になるようにアイコン（円）を配置。矢印の中間にもアイコンを添えています。

ビジネスをイメージさせる**ビジュアルを活用**

ビジネスモデルの解説は複雑になりがちで、情報を絞る工夫が求められる場合も少なくないのですが、それほど複雑でなければ情報をたくさん載せられます。このようにコメントや写真を活用すれば、ビジネスが実際に成立するイメージを投資家などにも実感させられるでしょう。

(Point) 左・中・右とボディを縦に分けています。それぞれを「円」で示し、各要素を矢印で上手に繋いでいます。

21 ビジネスモデル

テキストを省いて**シンプルに見せる**

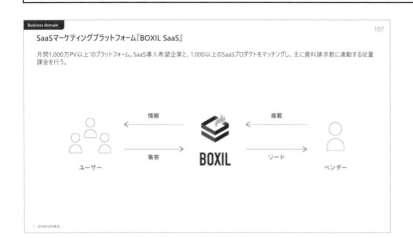

ビジネスモデルの説明では、あえてシンプルにすることで、理解が進むこともままあります。このスライドでは3者が登場するものの、「流れ」はシンプルなため、情報も少なくしています。対価（金銭）の流れを割愛していることが、シンプルさに拍車をかけています。

Point 自社を中央にして3者を配置。よくある例ですが、自社を「ロゴ」で表記してアクセントにしています。

サイクル（円環）で**連鎖的な流れを示す**

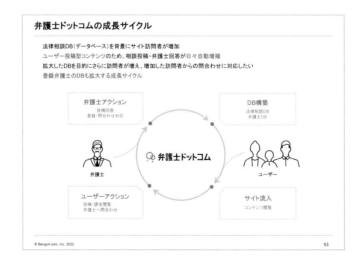

サイクルを使ってビジネスモデルを表現する場合があります（俗に「ぐるぐる図」とも言われます）。その場合、サービスや対価の流れを示すというよりも、どんな事象が連鎖的に発生し、自社が成長（あるいは顧客が増加・満足）していくかに焦点が当たります。

Point 中心に円環（ぐるぐる図）を置き、四方に各要素を配置。アイコンは余白にちょうど収まっています。

料金プランでもビジネスモデルを示せる

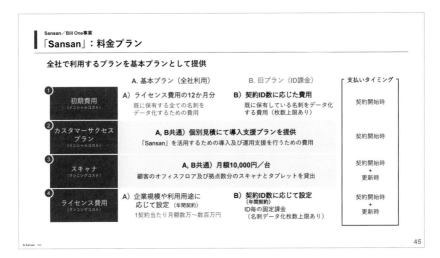

対価やサービスの流れではないビジネスモデルの解説としては、料金モデル（プラン）の説明があります。自社のサービスを「どんな方法」で、「誰に」提供して、「どう回収する」かを表で示せば、それもビジネスモデルの解説でしょう。この一枚で、それが端的に分かります。

Point エクセルのマス目に入れるようにテキストを配置。全て近接した四角形の集合で構成されています。

収益構造でもビジネスモデルを伝えられる

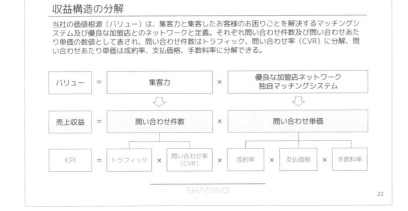

企業の儲けは「売上×利益率」で求められます。そして売上は「単価×数」、利益率は「粗利−販管費」……などと分解できます。このスライドのように、自社ビジネスに沿ってそれを具体的に説明するなら、それもやはり「ビジネスモデルの解説」と言えるでしょう。

Point 難しい内容なので、まず上部で解説し、3層構造の概念図で、それと（ほぼ）同じ内容を解説します。

市況 市場環境、（定量）

「市場環境」「市況」とは、企業（事業）が関わる市場の規模や状態を指します。この「規模や状態」というところがポイントで、実際、多様な情報が相当します。そのため、表現する手段も多様になります。ここでは数値や数量を表す「定量」の例を紹介します。

👍 Basic Point

● 数字を詳細に解説するよりも、ダイナミックな変化を説明したい。

● グラフ（⑦〜⑮）などと同様のスライドフォーマットを活用できる。

右肩上がりの棒グラフで動向を示す

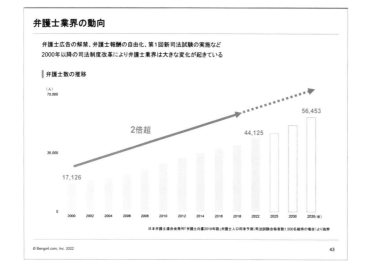

市場規模を棒グラフで表すのは、かなり一般的な手法です。

このスライドは市場そのものの大きさ（経済規模）ではなく、市場規模と相関する（または因果関係のある）データで市場規模を表しています。市場規模の実態に即したデータなので、それが可能です。

Point 中央に大きくグラフを配置していますが、「拡大していること」を示す、上の矢印がポイントです。

複数の指標で右肩上がりを強調

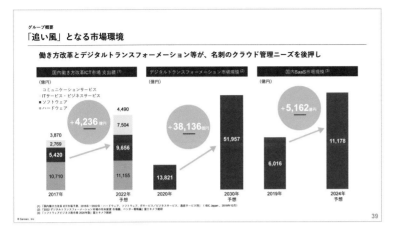

複数のグラフを組み合わせる場合もままあります。一つの大きなグラフもインパクトがありますが、複数の指標が右肩上がりという現象の方が「刺さる」人も多いでしょう。各棒グラフで「任意の」二つの時期を抽出したことで、より大きく成長しているように見えます。

Point 三つのパネルを同じ大きさで並べたスライドです。水色の大きな円で「拡大」を補足します。

棒グラフ・折れ線グラフの組み合わせ

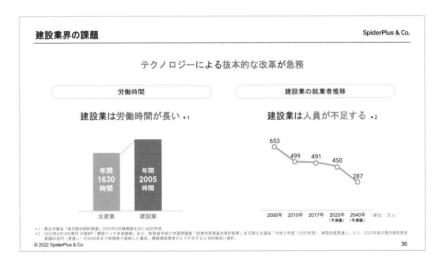

市況を示すスライドはメッセージが明確なので、ピックアップするデータが絞り込まれる傾向が強いです。右の折れ線グラフのように、市場が「減少傾向」にあることもビジネスチャンスになり得るため、データを絞ってそれを表現しています。

Point 左に棒グラフ、右に折れ線グラフ。情報は少ないのですが、あえて余白を大きくして、それぞれを浮き上がらせます。

重ねた「四角形」で包含関係を表す

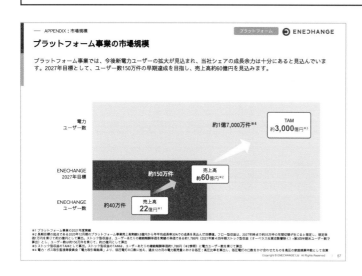

図形（四角や円）の中に更に小さい図形を含めるという手法で市場規模を表すことができます（ベン図とは異なります）。この例では、最大の四角をTAM（Total Addressable Market）、最小の四角を現在の売上として、「まだ成長余力は大きい」というメッセージを示します。

Point 四角形が三つ重なった様態です。それぞれ色を変え、重要な部分（ここでは真ん中）を目立たせます。

包含関係は重ねた「円」でも表せる

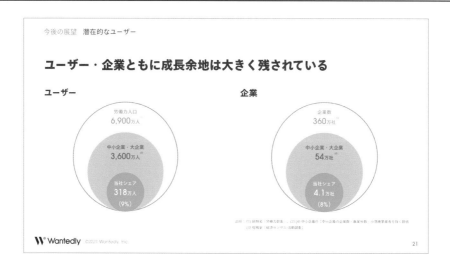

四角だけでなく、丸（円）でも包含関係を表すことができます。画面いっぱいに使うなら、「角」まで使える四角形の方が適していますが、このように複数の図形（この場合は二つ）を掲載するなら、円の方がスライド全体のバランスが良くなるように思えます。

Point 上と類似した、円が三つ重なった様態です。色を変更して、最小の部分をハイライトしています。

枠から「はみ出る」ほどの規模感を表す

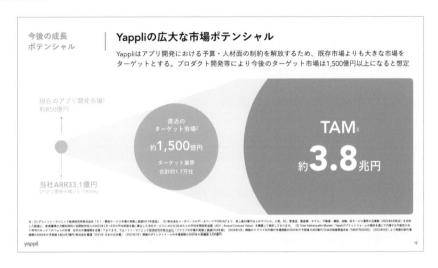

今後の成長
ポテンシャル

Yappliの広大な市場ポテンシャル

Yappliはアプリ開発における予算・人材面の制約を解放するため、既存市場よりも大きな市場をターゲットとする。プロダクト開発等により今後のターゲット市場は1,500億円以上になると想定

現在のアプリ開発市場[1]
約850億円

直近の
ターゲット市場[2]
約**1,500**億円

ターゲット業界
合計約1.7万社

TAM[3]
約**3.8**兆円

当社ARR33.1億円
（アプリ開発市場シェア約4%）

コマの内側に収まりきらない漫画のような手法ですが、文字通り「桁違い」の大きさを視覚的に表現するには、このような様式がぴったりです。ちなみにTAMやSAM（Serviceable Available Market）などの概念は、市場を示す表現として近年では多く採用されます。

Point 左から小・中・大の円を描きます。赤や橙など目立ちすぎる色を使わずに、青と白で上手に表現しています。

「網羅」の度合いを示す工夫あれこれ

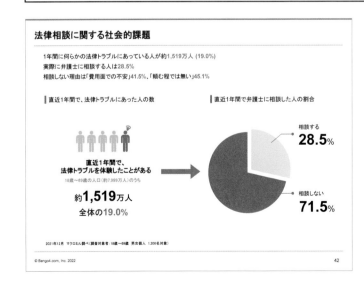

法律相談に関する社会的課題

1年間に何らかの法律トラブルにあっている人が約1,519万人 (19.0%)
実際に弁護士に相談する人は28.5%
相談しない理由は「費用面での不安」41.5%、「頼る程では無い」45.1%

■ 直近1年間で、法律トラブルにあった人の数

直近1年間で、法律トラブルを体験したことがある
18歳〜69歳の人口（約7,999万人）のうち

約**1,519**万人
全体の**19.0%**

■ 直近1年間で弁護士に相談した人の割合

相談する
28.5%

相談しない
71.5%

2021年12月 マクロミル調べ（調査対象者：18歳〜69歳 男女個人 1,200名対象）

© Bengo4.com, Inc. 2022

42

市場と言えば規模だけが注目されがちですが、どれほど普及・影響しているかも重要なポイントです。左側のようにアイコンを並べて比率を示すのもよいし、右側のように円グラフで比率を示すのもよいでしょう。いずれもグレーアウトの利用が効果的です。

Point 左右に円形のオブジェクトを配し矢印で連結。要素が少ない円グラフは、要素を切り離すと効果的。

ピラミッド図で区分と規模感を表現

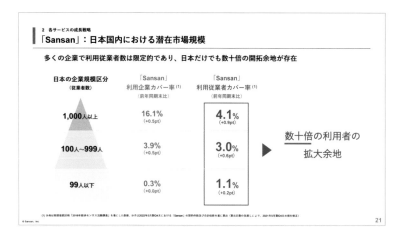

このようなピラミッド図なら「裾野の広さ」と「頂点の少なさ」を簡単に伝えられるため、規模別の度数など、ピラミッドの形に当てはまるデータを伝えるのに活躍します。なお、ピラミッドの各部の面積を、実際の数値と比例させる必要はありません。

Point ピラミッドから横引きで区分別に数値を配置。図形がほぼ3等分されているため、その線に従います。

市場規模を計算で見せる

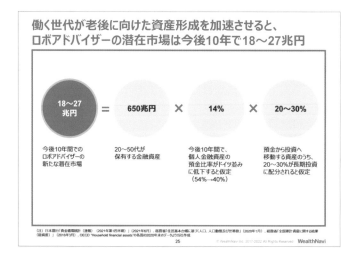

多くの場合、市場規模は既にある「データ」を引用して示されます。もしも、まだ世の中にない市場を示す場合には、独自にデータを算出する必要があり、受け手にその論拠を知らせなければいけません。これは掛け算を採用していますが、いずれの四則演算もまま使われます。

Point 4つの大きな円を配置。一番左（最初に見る箇所）を結論（算出結果）としています。

地図上に図示して規模を表現

白地図の上に数値を記載することで、市場規模を表現しています。このスライドでは円の大きさで規模感を表していますが、棒グラフを配置したり、色を違えて大小を表現したりする場合もあります。パワーポイント資料よりも、むしろテレビなどで見る表現かもしれません。

Point 背景に敷かれた地図ですが、こういう例の多くは「世界地図」で、「国」の例はあまり見られません。

アイコンの多寡で規模を表現

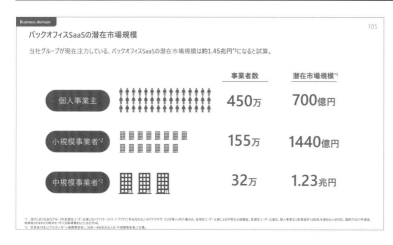

ピクトグラムなどのアイコンの多寡で、市場規模を表現することは珍しくありません。単純にアイコンの数が指標になるパターンと、塗りつぶされたアイコンの数が指標になる(白抜きのアイコンを足した数を「母数」とする)パターンがあります。

Point アイコンは視覚的なインパクトこそ大きいものの、情報量は限られるため、大きな数字で補足します。

23
Market Environment

市況（定性）市場環境、

建設業界のトレンド　　　　　　　　　　　　　　SpiderPlus & Co.

働き方が大きく変わる潮流

法制度の整備	業界団体の取組

「働き方改革関連法」改正 *1
月45時間、年360時間を原則とする時間外労働の罰則付きの上限規制が、猶予期間を設けられていた建設業でも2024年度から適用。

「建設業法」改正 *2
建設業は、国民生活や社会経済を支える上で重要な役割を担っているが、現場の急速な高齢化と若者離れが進んでいる事から、限りある人材の有効活用などを通じた「建設現場の生産性の向上」をする必要がある。このため、「建設業の働き方改革の促進」「建設現場の生産性の向上」「持続可能な事業環境の確保」の観点から、「改正建設業法」が2020年10月に施行。

業界団体「一般社団法人日本建設業連合会」は、2022年3月までに「全建設現場で週休二日を実現」を掲げる。 *3

＊1　厚生労働省「働き方改革を推進するための関係法律の整備に関する法律（平成30年7月6日公布）」より抜粋。
＊2　国土交通省「建設業法及び公共工事の入札及び契約の適正化の促進に関する法律の一部を改正する法律（令和元年6月12日公布）」より抜粋。
＊3　(社)日本建設業連合会「働き方を変える、建設業を変えていく。」より抜粋。

© 2022 SpiderPlus & Co.　　　　　　　　　　　　　　　　　　　　　37

㉒「市場環境、市況（定量）」でも述べましたが、おおよそどんな情報でも記載できるのが市場環境や市況のスライドです。その傾向は、定性情報の方が、より強くなります。そのため、それを表す手法も様々です。

👍 **Basic Point**

● 文字が中心になりがちだが、工夫して要素を浮かび上がらせる。

● 詳細な解説というよりも、大きな変化・特徴を示したい。

文字だけなら要素を分けてメリハリをつける

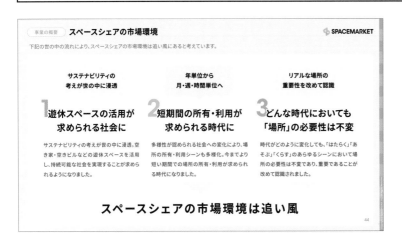

定性的な情報は定量的な情報よりも一見分かりにくいため、文章で丁寧に表現したくなりがちです。冗長な印象を与えないために、このスライドは要素を明確に三つに分け、オブジェクトでそれを更に区分。フォントサイズを調整することで、メリハリを利かせています。

(Point) 三つのパネルにボディを分け、それぞれを更に縦に三つ、計九つに分解することでメリハリを演出。

文字情報を絞って**印象に残す**

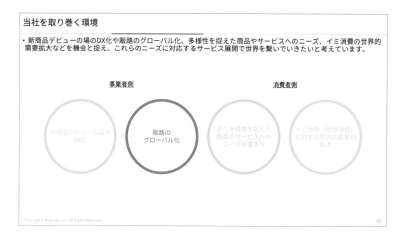

定性情報を並べる場合でも、おおよそ「小見出し」レベルに留めることもあります。ことさらに解説を必要としない場合と、口頭での補足を前提とする場合がありますが、いずれにせよ情報量が絞られるからこそ、表現方法に工夫の幅があります。

(Point) コーポレートカラーがカラフルなので、様々な色を各円に与え、並列に並べているのが効果的です。

アイコンを使って**イメージを補足**

上のスライドと同じように情報が絞られていますが、受け手のイメージを補足するためにアイコンを活用しています。アイコン自体には深い意味を持たせないことが多いのですが、文字だけよりも印象に残りやすくなるため、手軽な割に効果が大きい技法だと言えます。

(Point) 画面を6等分して、テキストとアイコンを配置。文字サイズにもよりますが、3行×4列でも可能でしょう。

マトリクスで**ポジションを表す**

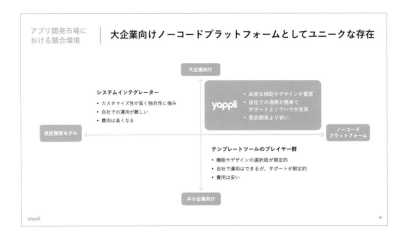

定性的な情報として、自社が「市場のどのあたりのポジションにいるか」は重要です。それを表す最も一般的な手法が「マトリクス」です。縦軸と横軸で区切られた四つの象限のどこに自社が位置するかを示し、主にそのポジションの優位性をアピールします。

(Point) オブジェクトを4象限に区分。ここでは全象限を一つと見なしますが、散布図的に示す場合もあります。

星取表を使えば**優位性が一目瞭然**

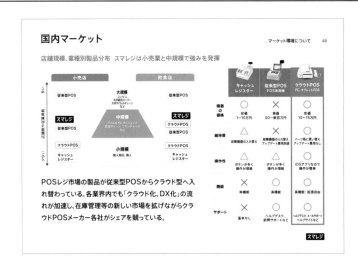

星取表とは、自社（商品）と競合を並べ、各要素について○×△などで比較した表です。自社商品の紹介なら、多少は我田引水的な評価になるのも一般的でしょう。左側にあるピラミッド図では、フラットな目線で自社のポジションを示します。これに良い／悪いはありません。

(Point) 左にピラミッド図、右に星取表を配置。独立した要素のようですが「市場の説明」というメッセージは共通します。

定性情報で過去から将来への変化を表す

このスライドは「今、市場はどうなっているのか」ではなく、「将来どうなるか」を示しています。定量データでは将来予測は当然のものとして網羅されますが、定性的な情報で説得力を出すには、「沿革」と同じように見せ方に工夫が必要です。

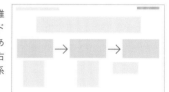

Point 時間経過や推移を示すスライド（⑯参照）でよくあるように、左から右に流れる矢印で時系列を示します。

過去から将来への変化を二つのパネルで

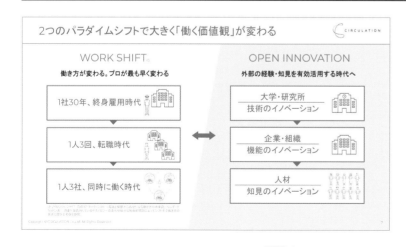

この上のスライドは一つの要素に絞って過去から将来への変化を示していますが、このスライドは同時に二つの事象の変化を解説しています。

アイコンが要素を装飾して、理解を助けています（装飾をなくして、より多くの項目を並列させることもできるでしょう）。

Point 左右全く同じ構成で、上から下へ時間が流れています。軸はなくても、矢印で時間の流れは示せます。

ポートフォリオ、サービス一覧

ビジネスで必要とされる「一覧表」には、サービス、経営陣、導入先など、様々な種類があります。一覧表では要素が多ければ多いほど、「要素の抜粋」「並べ方の基準・意図」が重要になります。そして、その組み合わせが「ポートフォリオ」です。

👍 Basic Point

- 掲載すべき要素の数と、各要素に付随する情報量はトレードオフ。

- 作成にあたって、意図・論拠は必要だが、スライドへの明記は不要。

要素が少なければシンプルに配置

２〜５個などと要素が少なければ、配置のみを考え、MECE（漏れもダブリもないこと）を意識する必要はあまりないでしょう。このスライドは各社のロゴを円で囲み、大きさを統一して優劣を意識させず、軽く触れる程度の紹介にとどめています。

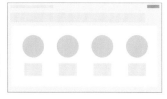

Point 円を四つ等価に並列し、各円の下に「カテゴリ分け」に近い概念と簡単な解説を記載しています。

各要素を画像とテキストで丁寧に説明

一覧表の項目数が少なければ、各要素を詳細に説明できます。このスライドは三つの「事業」ごとにサービスを区分し、それぞれに（他のスライドと同様に）画像とテキストで解説を加えています。事業ごとにカラーリングを定めて、単なる羅列よりも一覧らしく見せています。

Point ボディを三つに区分し、各事業に「色」を設定します。その色を見出しや矢印でも採用しています。

多くのグループ会社を紹介するための工夫

12のグループ会社を一枚のスライドで紹介しています。一枚で10以上のグループ会社を紹介する場合、詳細な説明を追加することは難しいのですが、単なる羅列にならないようにデザインを工夫し、ロゴなどの情報を排除し、解説スペースを確保しています。

Point スライドを行（横）で区分できる限界は、16:9の画面であれば20程度でしょう。

MECEな区分で各要素を見やすく

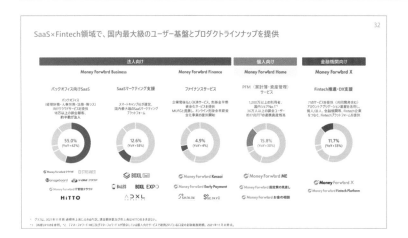

「漏れなく、ダブリなく」という意味のMECEは、ビジネスシーンの概念としても一般的です。このスライドは数多くのサービスを五つに区分し、それぞれに円グラフとロゴを貼り付けています。区分別の円グラフによって、売上比率を「見える化」する技が光っています。

Point 区分それぞれにロゴと円グラフを配置。各ロゴの多少の大小は問題ありません。

縦・横軸のマトリクスで複数に区分け

ここまでのスライドは区分の軸が一つでしたが、このスライドのように縦横2軸でマトリクス的に要素を仕分けることもあります。散布図的に配置する場合も、このように表を模して配置する場合もあります。当然、「該当しない」マス目（左下あたりなど）も発生します。

Point 3行×3列で区分け。ロゴも背景付きで四角いオブジェクトにしているため、配置のバランスが良く見えます。

フロー／推移による **区分けで分かりやすく**

MECEな区分方法には、フローやステップに応じて分けるという考え方もあります。各サービスが独立しておらず、「面」で市場を支配しているように見え、自社の優位性を示しています。このスライドは業務関連のフローですが、顧客起点でもバリューチェーンでも成立します。

Point 横向きで大きな矢印の線上にロゴなどで「個別」にフローを解説。下部では全く別に「全体」を解説しています。

ブランドロゴのみ **の配置で説得力を出す**

（ここまでの解説と少し矛盾するようですが）スライド全体を使って自社サービスやロゴを大量に配置する手法も、説得力という面でかなり有効です。特に取引先や導入先、自社IP（知的財産）など、「数」がものを言いがちな領域で多く採用される手法です。

Point 上下に区分し、ロゴを大きめで配置。メッセージによっては、ロゴはかなり小さくてもよいでしょう。

構成比（ポートフォリオ）を円グラフで表現

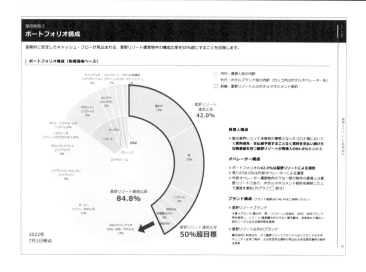

ポートフォリオという言葉は、ビジネスシーンではある種の「構成比」と捉えられることがあり、保有資産などに関しても使われます。

このスライドは、まさにその典型です。割合が重要なので、円グラフこそが適切な表現方法です。

Point 2重の円グラフ、その脇に凡例とグラフの解説。個別要素よりも「比率」を伝えるための構成です。

本体を中心とした ネットワークを図示

要素同士の関連を抽象的に示すのには、「ネットワーク」という見せ方もあります。中央に本体を配置して、各要素と繋げます。観念的なメッセージを支えるためだけであれば、このスライドのように余計な文言は排してもよいでしょう。

Point ネットワークを図として作成する場合は、整然と並べるより、このように有機的でランダムな配置がお勧めです。

グループ会社全てを 円環に配列

グループ会社の関連を示すのに「円環」を使う手法もあります。要素が多ければ、ロゴなどが小さくなり、各要素の持つ意味が薄まるので、全体の抽象度はネットワークのそれよりも上がります。このスライドは、それを踏まえたメッセージになっています。

(Point) 中央の文言（赤字）を、周囲の図形（円）が取り巻く。要素が多いからこそ採用できる手法です。

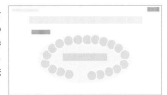

共通のメッセージを テキストで記載

経営理念・提供サービス

専 門 家 を 、も っ と 身 近 に 。

世界中の人達が「生きる知恵＝知的情報」をより自由に活用できる社会を創り、
人々が幸せに暮らせる社会を創造するため、「専門家をもっと身近に」を理念として、
人々と専門家をつなぐポータルサイト「弁護士ドットコム」「税理士ドットコム」「ビジネスロイヤーズ」
Web完結型クラウド契約サービス「クラウドサイン」を提供しています

弁護士ドットコム　税理士ドットコム　BUSINESS LAWYERS　CLOUDSIGN

© Bengo4.com, Inc. 2022　　2

複数のサービス等を「どのような意図で開発・運営しているか」を伝える際に、個別に解説するより、メッセージ性の強い共通の文言を配する方が効果的なケースがあります。フォントサイズや文字間隔を工夫すれば、図を使わなくても、完成度が高いスライドになります。

(Point) 文言とロゴに十分な間隔があります。間隔が十分でないと、手を抜いたスライドに見えてしまいます。

C
S
R

S
D
G
s
、

E
S
G
、

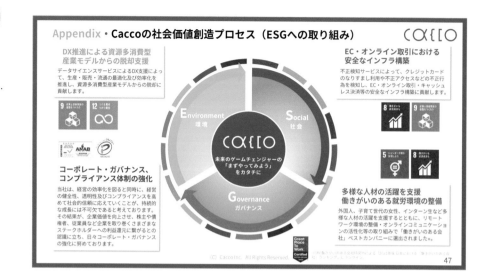

SDGs、ESG、CSRなど、企業の社会貢献について昨今は様々な場面で説明が求められます。その際には、「○○をおこなうため」に「○○な課題を解決する」ことを示すと伝わりやすいでしょう（本書ではSDGsなど各用語の定義について詳しく解説はしません）。

 Basic Point

- この種の取り組みは商品ほど知られていないので丁寧に解説を。

- SDGs関連のロゴ利用は所定の手続きを踏む必要がある。

SDGsの要素を区分して文言で解説

SDGsなどに関連する取り組みは事業横断で実施されるケースも多く、一言でまとまらないことがままあります。受け手もその概念にまだ慣れていないため、小さめのフォントを用いて、それぞれをテキストで詳細に解説する手法がしばしば見られます。

Point SDGsの目標の一部を4セクションに分けて、それぞれに小さなフォントで小見出しと解説を記載。

SDGsの実績を<u>グラフィカルに示す</u>

SDGsのように認知度の低い領域でも、写真やイラストをパッと見せれば、直感的に具体的な取り組みがイメージしやすくなります。

なお、作り手としては各項目の写真の枚数が同じでないと気になるかもしれませんが、受け手は案外気にしないものです。

(Point) 4セクション（2×2）に区分していますが、SDGsのロゴは控えめで、写真を大きく配置しています。

取り組みを<u>ファッショナブルに示す</u>

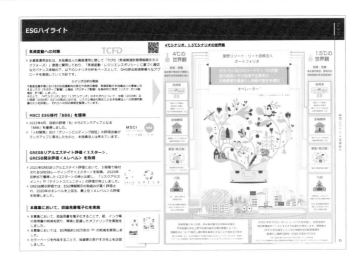

ESGなどの取り組みは、一昔前はいわゆる「意識が高い」こととして扱われていましたが、今やトレンドの中心になりつつあります。時流を鑑みたビジュアルを中心に描くことで、内容は充実しつつも、親しみやすいスライドとなります。

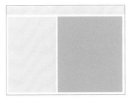

(Point) 右半分に大きくイラストを配置することで受け手の目を引き、左側の少し多めの文言の理解を促します。

SDGsの課題をまとめて示す

17個あるSDGsの「目標」を幾つかまとめて扱っても、特にそれが本題ではない場合には問題ありません。このスライドは複数のSDGsの目標のロゴをまとめて掲載し、業界の課題とオーバーラップさせることで理解を促しています。

Point 図形（円）が入れ子になっている構造を利用して、内側と外側の関係を示しています。

ESGの三項を三角形で解説

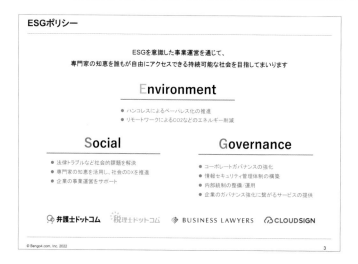

ESGもCSRもSDGsも、三つの英単語の頭文字を取った略語です。それぞれの語（概念）について「どのような取り組みをしているか」をテキストや画像などで説明するなら、このように三項関係の図に見立てて配置するのもよいでしょう。

Point 実際に三角形を描かなくても大丈夫。このようにおおまかに3箇所に配置すれば、自然に三角形に見えます。

将来の目標を示して**社会貢献をアピール**

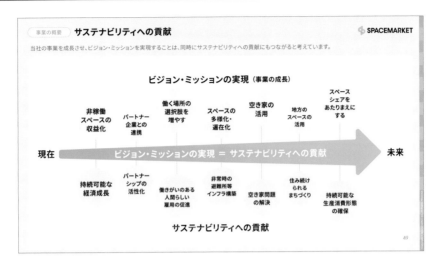

自社が掲げているビジョンやミッションを実現していければ、それがSDGsなどへの貢献になることもあるでしょう。このスライドはタイムラインを使って、取り組みの実績と、それによる社会貢献を1：1で上下に示すことで、サステナビリティの実現を示します。

Point グラフィカルな矢印で左右を貫き、その上下に柔らかな印象を与える「円」の形でコメントを掲載しています。

実績をデータでアピール

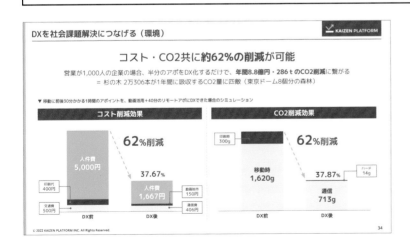

定性的な取り組みにフォーカスしがちなSDGs関連のスライドですが、CO_2の削減や多様性の実現など、定量的に示せるデータがあれば、それを見やすい形でアピールする方が効果的です。このスライドは、あえて2本だけの棒グラフで、取り組みによる「差」を強調します。

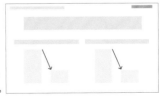

Point タイトルの下にメッセージと補足説明。ボディは左右2分割。SDGsなどに特化しない普遍的な形です。

サマリ、まとめ

どんな資料でも、資料全体を一枚に要約する「サマリ」「まとめ」は必要です。ここでは主に決算説明会資料のサマリ（ハイライトとも呼ばれます）を紹介しますが、他の用途の資料でも必要なケースが多いでしょう。

👍 Basic Point

- 文章中心、図表中心のサマリ、まとめがそれぞれ存在する。

- まとめは「見せ方」とともに、情報の「取捨選択」が特に肝要。

ワードスライドの典型例

資料の中で、文字のみの（あるいは文字が大半を占める）スライドは「ワードスライド」と呼ばれます。これは箇条書きですが、文章がつらつらと綴られているものも多くあります。どうしても読みづらくなるため、この例のような文字の工夫（色や大きさの変更）が必要です。

(Point) 画面全体にテキストを配置しています。視認性を上げるために、段落ごとに行間を空けています。

カテゴリで分けた**ワードスライド**

ワードスライドと聞けば、文字が連綿と続くタイプをイメージするかもしれませんが、このようにカテゴリごとに区分されているものも多くあります（目次通りではない場合も多いです）。掲載できる情報量は減るかもしれませんが、読みやすくなります。

(Point) 左1/4でカテゴリと見出しを明示し、それを右の文でサポート。余白が多いので読みやすいです。

区画に整理された**ワードスライド**

文字が中心という意味では、これもワードスライドです。見出しのように短い文言が入った長方形が配列され、他のワードスライドと同様に重要な情報はハイライトされています。背景に色（薄橙）を敷いて図形の枠線を消すことで、各区画の一体感を演出しています。

(Point) 長方形を2行×3列に配して、区画整理をしています。ある種の「表」スライドとほぼ同じフォーマットです。

「表」を採用して サマリとする

特にビジネスシーンでは、多くの事柄が定量的な数値データにサマライズできます。そのため、サマリも数値を中心に提示し、その表現形態に「表」を採用することも自然です。数字の無機質な羅列よりも、ずっと見やすくなります。

Point 左2/3に表、右に見出し的なサマリワード。赤地でハイライトすることで、サマリらしくなります。

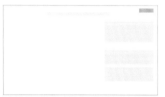

フォーカスした数値で サマリを示す

上のスライドような「表によるサマリ」を更にシンプルにするために指標を絞り込むと、このようになります。作成にあたって数値を特大にすると文字間の距離などが乱れがちなので、オブジェクトをそれぞれ別に作ることをお勧めします。

Point 横を4行に区切り、各行に指標を記載。行ごとに文字や行間が乱れると恰好悪いので、表のように整列させます。

グラフで明解な指標のみを**掲示するサマリ**

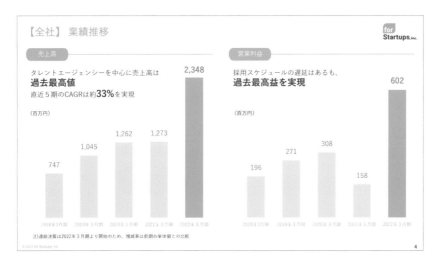

例外はありますが、経営関連資料のサマリでは「売上」と「利益」が重要になります。経営関連資料に限らず、サマリとして見せるべき指標が定まっている場合には、このようにグラフの掲載をもって「まとめ」としても違和感はありません。

Point 左右二つのグラフを、見出しなどで補足。グラフだけではサマリとしての情報が不足するため、補足は必須です。

たくさんの指標を**並べて圧倒するサマリ**

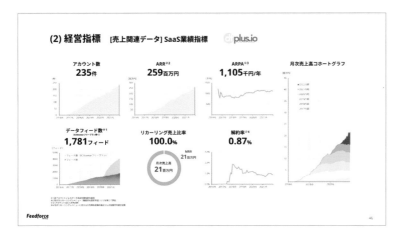

上のスライドは絞り込んだ指標をもってサマリとしていますが、ハイライトしたい指標がたくさんある場合には、その羅列をもってサマリとする考え方もあります。ただし、それは「指標のサマリ」であって、資料全体のサマリにはなりにくいかもしれません。

Point 所狭しと複数のグラフを全域に配置。同じ大きさにすれば、等価だと示せます（右端は例外）。

147

メッセージを左に配置

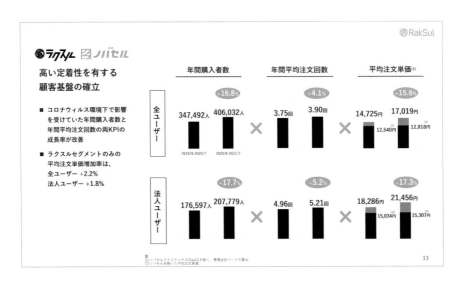

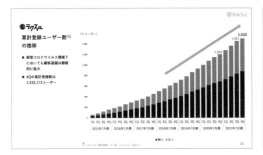

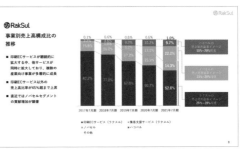

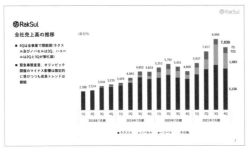

タイトルとメッセージを、左側のスペースに配置しています。描画スペース（ボディ）を正方形に近い形にすることで、通常なら横長になってしまうグラフを綺麗に表現できます。

注目企業パワポ
「色」別紹介

コンテンツの絞り方やオブジェクトの配置もさることながら、
「色」もまた美しさや機能性を高めるための要素です。
配色のセンスは、受け手の感性を刺激します。
ここでは配色の妙を極めたスライドを紹介します。

パワーポイント資料作成における
色使いのポイント

　パワーポイント資料を作る際に、色使いについて少々悩む方もいるかもしれません。でも、安心してください。簡単なルールさえ守れば、案外、楽に色を使いこなすことができます。

　基本となるルールは、次の通りです。この四つさえ守れば、おおむね無難な資料を作ることができるでしょう。詳細は、右ページで解説します。

1）他の資料を参考にする
2）色の種類はほどほどに抑える
3）明度と彩度を目的に合わせて調整する
4）資料全体で同じ色を使う

パワポ資料における色関連用語の基礎知識

　本書では色に関して次の用語を使って解説します。
　簡便に説明するため厳密な定義とは異なる場合もありますが、ご了承ください。

● **メインカラー**　資料全体を司る色。各種のオブジェクトは、黒系かメインカラーで作成することになります。コーポレートカラーがメインカラーとして採用されることが多いです。

● **アクセントカラー**　資料を目立たせる（ハイライトする）際に使う色。明度や彩度の高い色がしばしば使われます。

● **コーポレートカラー**　いわゆる企業のテーマカラー。ロゴやサービス、ホームページでしばしば使われる色です。

● **明度**　色の明るさを表す要素。明度が低いと暗く、高いと明るい色になります。彩度や色相と同様に、色を客観的に表す手法になります。

● **彩度**　色の鮮やかさを表す要素。彩度が低いと灰色や黒に近く、高いと鮮やかな色になります。
概念として明度との違いが難しいのですが、合わせて「低いと暗く灰色に」「高いと明るくて鮮やかに」と理解してください。

● **色相**　赤や青、黄色など、おおまかな「色味」を表す要素です。

● **色相環**　色相を環状に配置した図（右ページ）。「類似色」や「補色」が分かります。

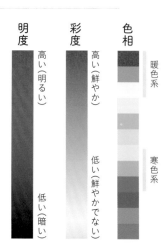

明度　高い（明るい）／低い（暗い）
彩度　高い（鮮やか）／低い（鮮やかでない）
色相　暖色系／寒色系

1）他の資料を参考にする

　Chapter2で画面構成を参考にしたのと同じように、色使いについても優れた企業パワポの
スライドを見習ってみましょう。全く同じ配色を真似ることもできるため、オブジェクトの
構成などよりも直接的に参考になるかもしれません。

2）色の種類はほどほどに抑える

　特にグラフなどでは、いつの間にか多くの色を使っているものです。けれどもあまりにも
多くの色があると、画面はかなり「うるさく」なります。その結果、どれがメインカラーで、
どれがハイライトなのかなど、それぞれの色の役割が分かりにくくなってしまいます。

　パワーポイントの「標準の色」を多く使うと、そういう事態に陥りがちです。色に良い・
悪いがあるわけではありませんが、使いどころに気をつける必要があります。

3）明度と彩度を目的に合わせて調整する

　複数の要素があるグラフや図などをうるさくならずに仕上げるためには、明度と彩度を調
整するとよいでしょう。同じような色相の色でも、暗い色と明るい色、薄い色から濃い色へ、
というように違いを作り出すことができます。

　例えば青色に近い色でも、藍、水色、青緑など様々あります。同じ系統の色を使えば、画
面はそこまでうるさくなりません。

4）資料全体で同じ色を使う

　2）3）のコンセプトで調整した色は「資料全体で使う」ことで、その真価を発揮します。

　受け手は統一感を覚えて気が散らず、資料の
内容に集中できます。普段から出来栄えの良い
資料を目にしているとなかなか気づきませんが、
色が散らかって統一感がない資料は、えてして
受け手に負担をかけるものです。

　作り手にも一枚一枚の配色に悩まずに済むメ
リットがあります。「オブジェクトには何色、そ
れをサポートするのはこの色、文字の色はこの
色、強調するはこの色……」などと定めておけ
ば、悩みはぐっと減ります。パワーポイントの
「スライドマスター」の機能を使えば、全ページ
に共通して同じ「テーマ」の色を設定できます。

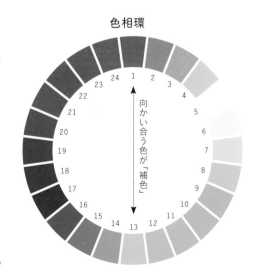

色相環

青色

資料において最もよく見る色は青です。ロゴを含めてコーポレートカラーに採用する企業が多いこと、そもそも青色がビジネスシーンで使い勝手が良い色であることが理由でしょう。

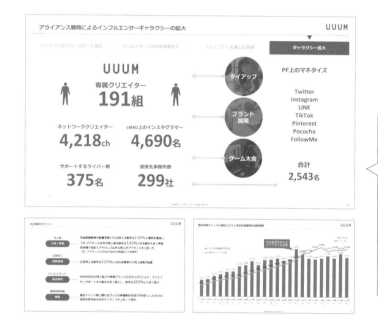

最も汎用性が高い青色をふんだんに

青は資料作成で最も使い勝手の良い色の一つです。それは、黒と同じように、文字、オブジェクト、イラストなど、どのようなものに使っても見やすいからです。
このスライドでは、グラフも含めて、ほぼ全てが青系で記載されていますが、どれも見やすくなっています。

水色など、他の色と組み合わせる

青は黒と同じように「ベース」となる色の役割を果たせます。ベースとして使った上で、しばしば他の色と組み合わせられます。
これは水色など、他の青系の色と組み合わせたスライドです。各色は衝突せず、なじみ合っています。

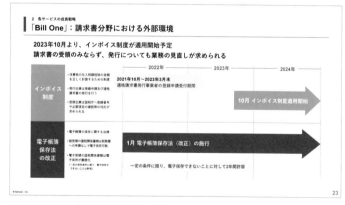

目に優しい少し「くすんだ」青

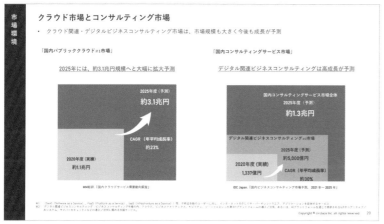

パワーポイントの「標準の色」は、かなり原色に近いため、そのまま使うとスライドが少し派手になってしまうことがあります。
このスライドはそれとは対照的に、少しくすんだ青色を使っています。受け手には優しく、見やすい色の代表例であり、作り手には使いこなしやすい色の代表例です。

鮮やかな
深い青で
高級感を

群青や藍などに近い、深い青が採用されることもあります。通常の青よりも少し高貴なイメージなので、資料全体で用いると高級感が出る一方で、少し重い印象も与えてしまいます。
このスライドのように、他の青系の色などと適宜組み合わせると、少し明るい雰囲気になります。

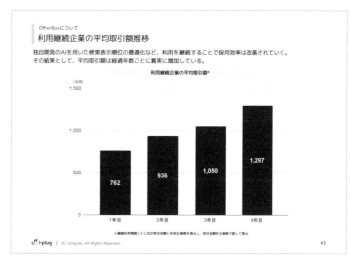

青とほぼ同じように使える紫

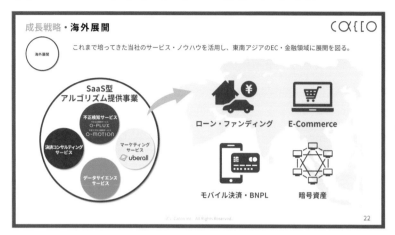

コーポレートカラーが紫色の企業は少ないため、紫色はスライドではあまり使われません。しかし、このスライドでも分かる通り、青紫も青色とほぼ同じように、文字やオブジェクトなど全てに活用することができます。青色との違いは、少しだけミステリアスな雰囲気になることでしょうか。

背景として濃紺を活用する

一連の資料の中で、特定のスライドを強調する際に、濃紺の背景が用いられることがあります。黒色でも問題ないのですが、完全な黒を使うと少々重苦しく感じるため、黒に近い紺が多く見られます。その際、青色・水色を重ねることが多いようです。

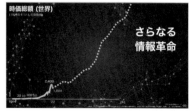

水色

水色もパワポ資料で採用頻度が高い色です。主張が少なく、オブジェクトや背景色として利用しやすいためです。また、青色と色相が近いため、組み合わせるケースも多いです。

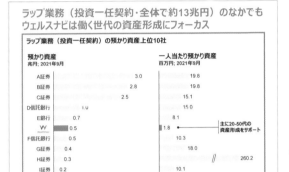

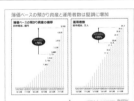

水色は画面が
軽く、明るくなる

青色よりも、白い画面になじみやすいのが水色です。このスライドを見ても分かる通り、明度が高いため、オブジェクトが多くても、画面全体から軽く明るい印象を受けます。文字やハイライトに採用するには少し薄いため、そこは青色・黒色を頼ることになります。

図やイラストに
最適なのが水色

水色の淡い質感は、特に図やイラストを描く際に使い勝手の良さを実感できるでしょう。濃淡を調整すれば、(青色も含めて)二色刷りのような色合いとなり、落ち着いたなかでも明るい印象を与えます。また、多くの色を使わないことから、ユニバーサルデザイン的な配慮も窺わせます。

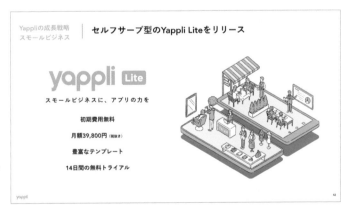

自然になじむ水色・紺・青の組み合わせ

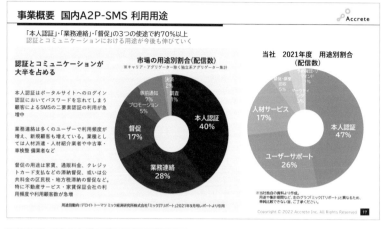

メインカラーを水色にする場合、相性の良い色の一つに青が挙がります。このスライドのように、紺色から少し薄い青まで、全て自然になじんで見えます。そもそも青色・水色系はどんな色とも比較的相性が良いため、複数の色を組み合わせる場合に重宝します。

主張が激しくない灰色と合わせる

水色はやや淡い色なので、強い色と交ぜてしまうと目立たなくなってしまいます。例えば赤色なら、多少淡くても水色に勝ってしまうでしょう。しかし、明度が同じような灰色なら、スライドでの存在感は水色と同じかそれ以下に収まるため、パートナーとして最適です。

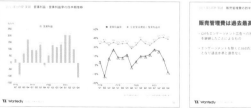
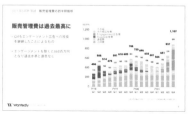

案外目にしない深い水色

「深い水色」はコーポレートカラーとしてあまり採用されないため、見かける頻度は少なく、少しエキゾチックな印象を与えます。とはいえ青系ですから、青や水色と同じように使え、奇抜にもなりすぎません。少しだけ他と違った印象を与えたいなら、お勧めできる色です。

水色・青・緑も好相性

パワーポイント資料でそれぞれ見慣れた色である青・水色・緑の組み合わせは、複数の色を用いる際に最も適切な選択肢だと言えるでしょう。色相環ではほぼ隣り合う色ということもありますが、やはり「見慣れた」色同士の組み合わせは、受け手に安心感を与えます。

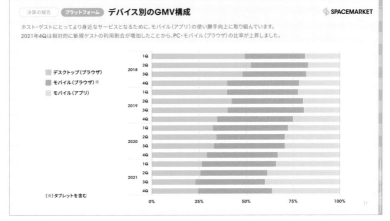

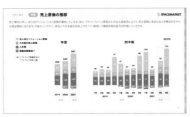

緑色

青色や水色ほどではありませんが、緑色中心のスライドも珍しくありません。コーポレートカラーが緑という企業も多いためです。青色と同じく、主張しすぎず、使い勝手の良い色です。

背景、文字、
ハイライトにも

緑色は、青と同じように「万能な色」だと言えます。このスライドでも分かりますが、背景、ハイライト、文字、いずれにも十全に活用できます。
更に、青と同様に、他の様々な色とも好相性です。このスライドでは、橙色と組み合わせています。

「深い緑」は
落ち着きを表す

多くの場合、緑色の中では割合明るいものが採用されます。パワーポイントの「標準の色」にあること、コーポレートカラーに明るい緑色が多いためです。しかしこのスライドでも分かる通り、深い緑色・少し暗い緑色は、資料全体に落ち着きをもたらします。暗い色でも決して見づらくなりません。

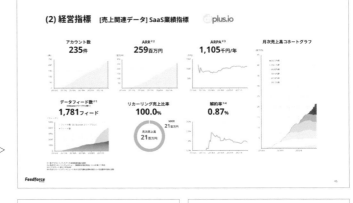

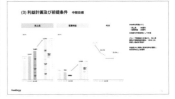

「鮮やかな緑」はデジタルな印象

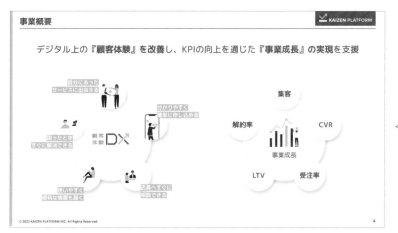

デジタルな印象を与える「鮮やかな緑色」も、最近では用いられます。蛍光グリーン（ネオングリーン）ほどになると、スライドのメインカラーとしては少しけばけばしくなりますが、このスライドのような明るい緑なら、図やグラフなどに用いても、近未来的なイメージを与えて好印象です。

「淡い緑」はSDGs系の文脈にも最適

昨今よく見られるSDGs系の資料は、コーポレートカラーにこだわらず、SDGsにちなんだ色が採用されることが多く、緑色はその筆頭です。環境をイメージさせる淡い緑色は、メインカラーに適し、SDGs文脈で多くなりがちなイラストや図も十分に表現できます。

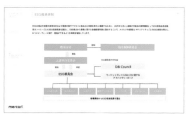

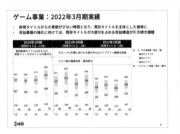

最近
増えつつある
柔らかな
「青緑色」

緑色の中でも、近年コーポレートカラーなどでは青緑色（エメラルドブルー）をよく見ます。緑色系でもかなり柔らかい印象を与えるこの色は、文字色としては少し薄い場合がありますが、明度などを調整すれば、おおむね図形やイラストなど、どのようなオブジェクトでも活躍します。

緑色は
黄色との相性
が特に良い

緑色もまた、割合どの色とでも合わせることができます。特に黄色との相性が良く、パワポ資料でしばしば見かける組み合わせです。このスライドは青緑ですが、差し色の黄色とお互いに調和して、黄色がハイライトとしての役割を果たしています。

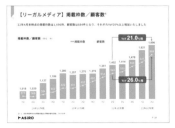

黄色

黄色はメインカラーとしてはあまり使われません。黄色のオブジェクトは、どうしても見づらいからです。しかし一般的でないからこそ、使いこなせばインパクトは大きくなります。

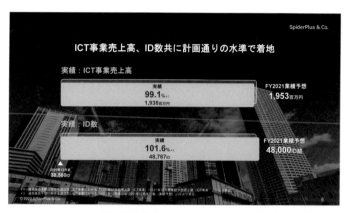

黒と黄色は
強い組み合わせ

黒と黄色の組み合わせは、実生活においては工事現場や道路標識などに見られます。警戒色として位置づけられているわけですが、逆に言えば「インパクトが大きい配色」だということです。
このスライドでは、背景を黒、オブジェクトや文字を黄色にして、強い印象を与えています。

黄色以外の
強調色を使う

原色に近い黄色はメインカラーとしては使い勝手が少し悪いため、白色のオブジェクトなどを頼る場合があります。また、黄色をメインカラーとすると、強調のための黄色が使えないため、その役割を補色である青系に譲ることもあります。
このスライドでは、赤色を強調色に使っています。

橙色

橙色（オレンジ色）は、メインカラーとしても、ハイライトとしても、頻繁に用いられます。
黒や青の文字・イラストなどとも相性が良く、様々な場面で活用が可能な色です。

メイン、ハイライト
ともに活用しやすい

この企業はコーポレートカラーが橙色なので、パワポ資料も全体を通して橙色がメインの構成になっています。表紙のように全面を塗りつぶしても派手すぎに見えず、イラストや図表で彩度の薄い色と合わせても、うまくハイライトの色として活用できています。意外に汎用性が高い色です。

橙色は
グラフでも
見やすい

主張が穏やかなので、グラフにも無難に使えます。橙色の明度・彩度を調整して、グラフの要素を区分してもよいでしょう。灰色と組み合わせて強調したい部分にだけ用いても、十分に目立たせることができます。

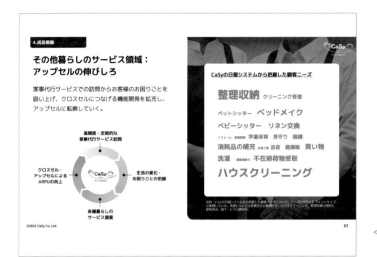

橙色と青色の組み合わせは一般的

橙色は、それ一色でもまとまりがある資料になりますが、もう一色追加したいのなら青色をお勧めします。ちょうど補色（色相環で正反対に位置する色）に相当するので、バランスを崩すことなく、それぞれの色の鮮やかさが強調されます。

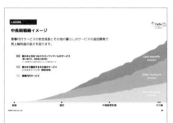

背景色としても十分に機能

橙色は明度と彩度をある程度落とせば、水色などと同じように背景色として十分な効果を発揮できる色です。黒い文字を見づらくすることはほぼありません。枠線や傍線として鮮やかな橙色を用いても悪目立ちしにくいので、このスライドのような使い方は有効です。

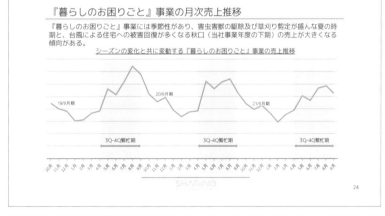

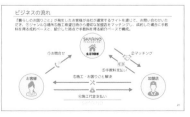

美しい
企業パワポ　6選

Chapter
1
企業パワポ
作成テクニック

Chapter
2
注目企業パワポ
「パーツ」別紹介

Chapter
3
注目企業パワポ
「色」別紹介

Chapter
4
パワポ資料
ストーリーの作り方

赤色

とにかく目立つのが赤色です。積極的に使うと、スライドはかなり派手になります。ただし、少し目立ちすぎるため、資料全体のメインカラーに用いるケースはそれほど多くありません。

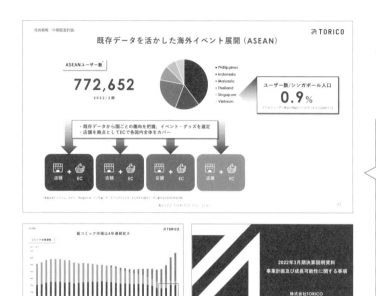

全編に赤を使って
インパクトを出す

赤は取り扱いが難しい色ですが、このスライドのように画面全体を鮮やかな赤色にすれば、受け手にインパクトを与える効果があります。ハイライトが分かりづらいという見方もありますが、フォントサイズや色の濃淡などを工夫し、文字の白抜きも活用すれば、強調は可能です。

派手に
なりにくい
薄めの赤色

赤色中心の資料にしたいけれど、派手すぎる赤は避けたいという場合は、このスライドのように、明度・彩度を落とした「薄めの赤」を採用するとよいでしょう。これなら赤色を使いつつ、見た目が鋭くなりすぎません。二色刷りのポスターのようにも見え、なじみやすいでしょう。

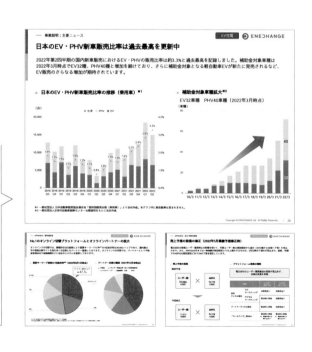

赤色を控えるスライドをあえて入れる

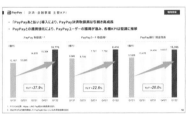

赤をスライドのメインカラーとするのは、ロゴなどに赤を使っている場合が多いのですが、全てのスライドを赤中心にすると、受け手に負担かもしれません。このスライドのように、赤の使用量を落としたスライドを適宜交ぜてもよいでしょう。全スライドを赤色にする必要はないのです。

赤色と青色は意外にも好相性

赤色だけでは画面を作成しづらい場合には、青色をサブカラーに採用してもよいかもしれません。このスライドで分かるように、なかなか相性が良い組み合わせです。

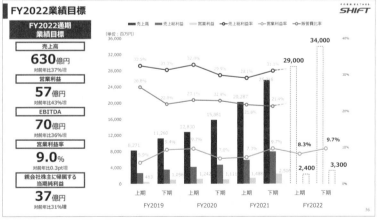

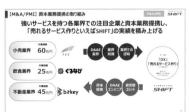

黒色

黒一色の資料は、上手に作ればスタイリッシュな印象を与えます。しかし、単純に「モノクロ」で作るだけでは、むしろ見づらく、手を抜いた印象を与えるため工夫が必要です。

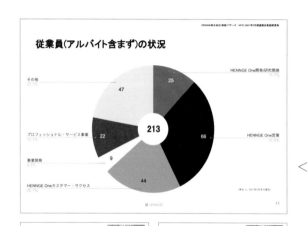

黒・白・灰色だけでスタイリッシュに

純粋に黒・白・灰色のみで構成されたモノトーンのスライドは、案外少ないものです。なぜなら、普通に作ろうとすると、どこかで色を使いがちで、また、その方が見やすくなる場合が多いからです。黒のモノトーンでスタイリッシュに作るには、このスライドのように濃淡を厳密にコントロールする必要があります。

アクセントカラーに赤を入れる

モノトーンにこだわりたくても、熟練していなければ見づらいスライドになりがちです。そういう場合には、ハイライトなどで赤色を使うとよいでしょう。明度・彩度を低めにすれば、モノトーンに紛れ込ませやすい一方で、十分にハイライトなどの役割を果たします。

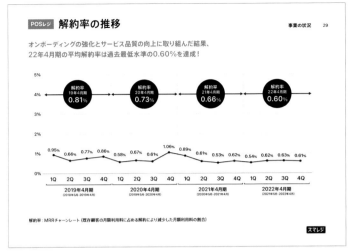

黒に最もなじむ青いアクセントカラー

モノトーンのスライドに加えるアクセントカラーとしては、実は青色が筆頭候補です。青は黒と同じように落ち着いた印象を与えるので、資料全体のイメージを壊しません。また、濃い青なら図形も文字も見やすく表現できます。特に、文字は他の色よりも見やすいでしょう。

メインカラーを二つ使う

モノトーンと「半々くらい」に別の色を使用してもよいでしょう。メインカラーを黒ともう2色にしても、モノトーンに求めるスタイリッシュさや落ち着きは実現できます。
モノトーンのみの資料作成は難度が高いのですが、もう1色を交ぜることで、少し簡単に作れます。

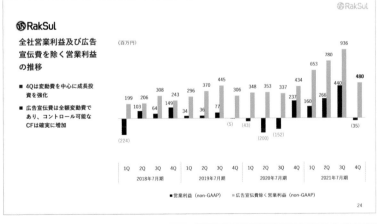

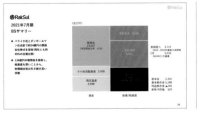

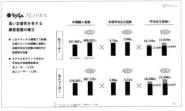

多色

メインカラーやアクセントカラーが複数あるような資料もあります。コーポレートカラーがそもそもカラフルである場合や、それとは無関係に、あえてカラフルに彩る場合もあります。

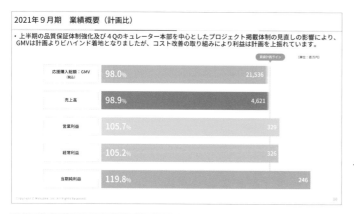

コーポレートカラーそのままの配色

この企業は、ロゴがカラフルです。そのため、ロゴカラーに沿った色使いでスライドを作ろうとすると、自ずとカラフルになります。ロゴに含まれている色だけでなく、紫など他の色も活用していますが、コーポレートカラーの濃度を少し抑えていることもあって、派手すぎません。

淡いカラーでセグメントを区分

「色の三原色（青緑・赤紫・黄）」を採用しながら、多様な色相を用い、要素に応じて使い分けています。カラフルなスライドと単色に近いスライドを混在させて、同じ要素について述べているスライドは、その単色で構成されています。

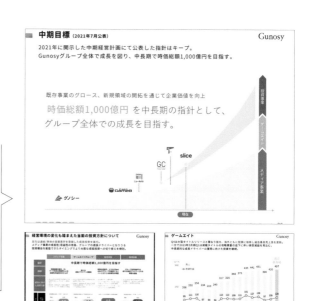

色の三原色ではない3色を使う

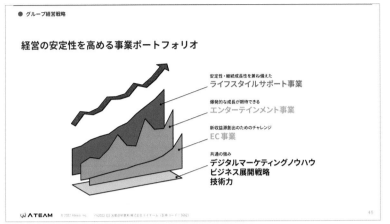

色の三原色から少し外れた「青・橙・緑」を使い、要素ごとに色を区分しています。それぞれが干渉しづらい、上手な色使いです。

ちなみに「濃い赤」にはやはり少し尖りがあり、他の色に勝ってしまうため、一要素の色としてはあまり採用されません。

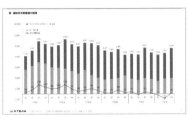

明度や彩度の工夫で落ち着いた「カラフル」

「原色」や「原色に近い色」は、少しメリハリの利きすぎる印象を与えるので、多くのスライドでは明度や彩度を落として使われます。その最たる例がこのスライドでしょう。特に彩度を低くしているため、使う色の種類が多いにもかかわらず、全体として落ち着いた印象になっています。

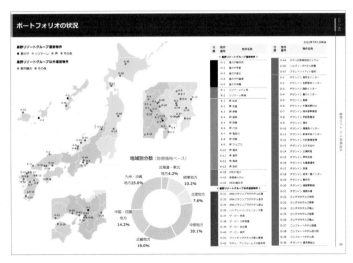

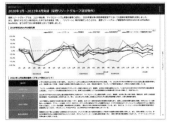

スライドに外枠を付ける

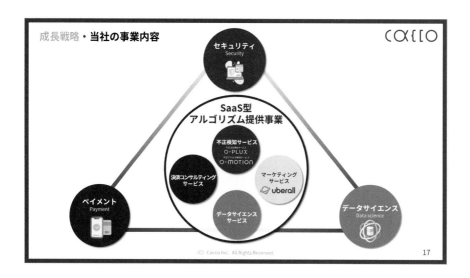

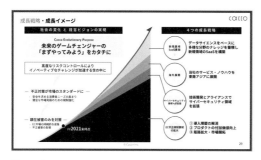

スライド全体に、コーポレートカラーと同色の外枠を付けています。これによって、スライドをスクロールしたり、一つ一つを切り出して並べたりする際に、リッチな印象を与えています。

パワポ資料
「ストーリー」の作り方

1枚1枚のスライドの完成度が高いだけでは、
美しくて機能的な資料になりません。
資料全体を貫く一連の流れ、つまりストーリーが必要です。
ここでは構成力の高い一連のスライドから、
一部のセグメントを抜粋して紹介します。

テーマが明確に伝わるかどうかは
セグメントの構成次第

　たいていの企業パワポは、複数の「セグメント（章）」が集まって作られています。セグメントは、Chapter2とChapter3で紹介したようなスライドが一つ一つのパーツとなって構成されています。

　ここでは、複数のスライドから構成されるセグメントの例を紹介します。各スライドがどのような役割を果たすのかを見てください。Chapter1で「パワポ資料にはストーリーがある」と書きましたが、セグメント化されたスライドからストーリーが紡がれる様子が分かることでしょう。

　それぞれの事例から、エッセンスを抽象化して学べるように解説しています。紙面の制約で「業績説明」「事業紹介」「企業概要」「競争優位性」「成長戦略」「市場環境」しか紹介できませんが、（SDGsを重点的に紹介するなど）資料によっては他に必要なセグメントもあるでしょう。けれども、ここで紹介している構成や考え方は、他のセグメント作りにも応用できます。

　資料全体にメッセージがあるはずです。そのメッセージを伝えるためにはどのようなストーリーが必要かを考えることが、パワポ資料作成の第一歩です。

　全体のストーリーをセグメント化すると、各セグメントにも小さなストーリーができるはずです。それを構成するのが個々のスライドです。

　ここでご紹介するセグメントを作る技法を習得できれば、資料全体もその発展形として捉えられ、長い資料も容易に作成できるでしょう。

ここがポイント！

最初に大事な「まとめ」を

大切なことは必ず冒頭のスライドにもってくるのが、良い流れを作る秘訣であり、プレゼンのマナーです。紙の資料でも、最初の1枚を重点と見なす人は少なくありません。

ストーリーのパターンは色々

　パワポ資料の流れを考えるにあたって参考になるモデルには、この Chapter4で紹介する流れの他に、下のようなフレームワークもあります。パワポ資料の目的に合わせて応用しましょう。

2W1H

Why…なぜ、それが必要か？
What…何をすればいいのか？
How…具体的に、どのように？

PREP

Point…要点（結論・主張）
Reason…結論に至った理由
Example…具体例
　　　　　　（事例・データ・状況）
Point…要点（再び繰り返す）

SDS

Summary…要点
Details…詳細
Summary…要点（再び繰り返す）

起承転結

起…導入（前提となる情報）
承…展開（情報の詳細など）
転…転換（サプライズなど）
結…結論（解決策など）

BEAF

Benefit…メリット
Evidence…論拠
Advantage…競争優位性
Feature…様々な特徴

As is/To be

As is…現状
To be…理想

① ディバイダー

② ハイライト

③ 定性サマリ

④ 定量サマリ

⑤ 業績詳細（基本）

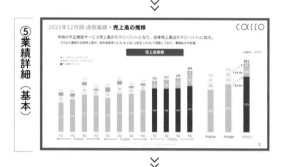

⑥ 業績詳細（補足）

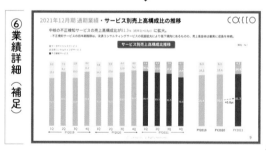

パワポ活用シーン

IR関係資料にはもちろん、部門、あるいは個人でも、「これまでの実績」の説明に適用できるパターンです。

●アウトライン

　企業の決算説明資料にはつきものの「決算概要」を説明する資料ですが、ディバイダーの次にハイライト（サマリ＝説明する内容を一枚にまとめた紙）を提示しています。

　ハイライトの次に、定性サマリと定量サマリの丁寧な説明があります。

　続くのは、表とグラフを組み合わせた業績詳細（個別の解説）です。業績詳細は、「売上」や「営業利益」の推移が多くの場合に必要です。

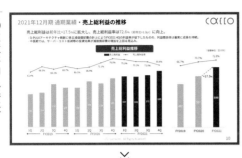

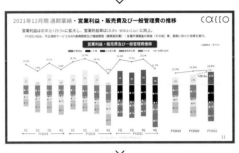

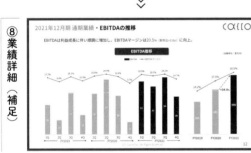

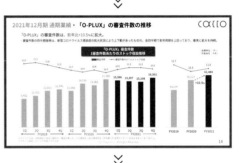

「未来のゲームチェンジャーの『まずやってみよう』をカタチに」という経営ビジョンを掲げ、データサイエンスの技術とノウハウをもとに、企業の課題解決やチャレンジをデータドリブンに支援する「SaaS型アルゴリズム提供事業」を展開する企業。

⑦業績詳細（基本）

⑧業績詳細（補足）

⑨業績詳細（基本）

● ポイント

この流れは、「決算概要」のスタンダードです。

この資料ではハイライトから2枚のサマリまでが重要で、あとは補強するための要素とも言えるでしょう。

最初のハイライトは、10枚程度以上の資料には、ほぼ必須なスライドです。「この資料には何が書かれているのか」を初めに提示するのは、受け手への親切な配慮であり、極端な話、この一枚しか見ない人もいるからです。

● プラスα

定性サマリと定量サマリをそれぞれ別のスライドにしていますが、グラフなどの定量データに「吹き出し」などで補足する、定性・定量の両方を網羅したサマリでもよいでしょう。

業績詳細には、補足として「コストの分解」や「重要な指標」などを加えるパターンもあります。また、売上や営業利益など汎用的な指標に限らず、その他のKPIを評価した資料などを加えるパターンもあります。

事業紹介（詳細）

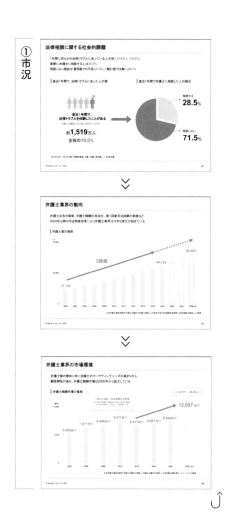

パワポ活用シーン

営業や採用関連資料など、企業が発行する資料の多くに、このような「事業紹介」が付いています。既存・新規いずれの事業にも適用できるでしょう。

●アウトライン

　既に事業内容がある程度は知られているという前提で、まずは市況（市場規模や動向）を掲示しています。幾つかの角度から、定量・定性両面で市況が良いことを見せているわけです。その後、事業の根幹になるサービス概要を紹介します。

　個々の詳細なサービスのポートフォリオ（一覧）を示し、その後1サービスにつき1スライド程度ですが、サービス詳細が続きます。マクロの説明からミクロの説明に移行した形です。

「専門家を、もっと身近に。」をビジョンに掲げ、一般ユーザーと弁護士を繋ぐプラットフォームである「弁護士ドットコム」、契約締結から契約書管理までをクラウド上でおこなう「クラウドサイン」などのサービスを提供する企業。

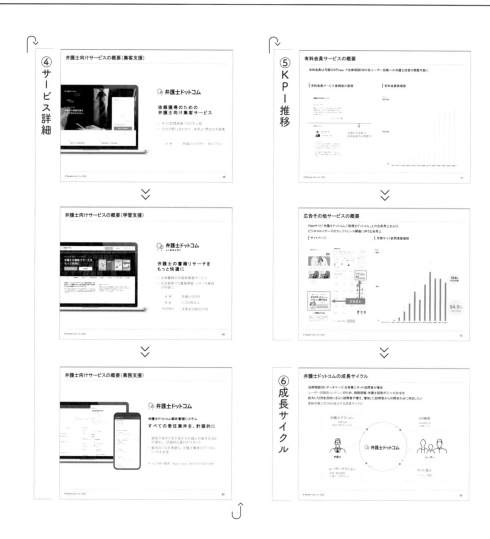

④サービス詳細

⑤KPI推移

⑥成長サイクル

最後に成長サイクルを示して、事業・サービスの継続性や今後の発展を予感させます。継続・成長の見込みも、サービスの価値のうちです。直前のKPI推移も、その一助になるでしょう。

● ポイント

12枚という数は、事業紹介としては丁寧です。市況が最初に来るのは珍しい例ですが、短いプレゼンなどでも、細かなサービス紹介に先立って市況や市場の課題が示されることはままあります。

最後の3枚は事業紹介というより「実績」ですが、これを示すことで、このサービスの継続性・発展性をアピールできる優れた方法です。

● プラスα

これが営業提案資料なら、サービスイメージや利用者の感想、導入事例など、要素を増やしてより事細かに説明することが望まれるでしょう。

今後の発展をアピールしたい企業は、最後の一枚を膨らませることが必要かもしれません。

Chapter 4 パワポ資料「ストーリー」の作り方

事業紹介（簡易）

① ディバイダー

② サービス概要

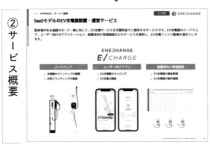

③ 市況

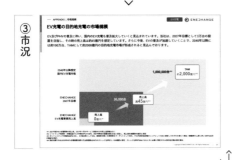

④ ビジネスモデル

⑤ 競争優位性

パワポ活用シーン

「事業の紹介」は企業が作成する資料にほぼ必須なため、様々な場面で活用できます。

● アウトライン

　最初のディバイダーの後に続くのは、サービス概要、市況、ビジネスモデル、競争優位性と、全く異なる4項目です。

● ポイント

　一般的にサービス概要、市況はあった方がよく、競争優位性は競合企業が想定されるなら、あるとよいでしょう。短い枚数でまとめるには、各項目の枚数を減らし、詳細はホームページや補足資料などで補うのも手です。

サービス紹介

① サービス概要

② サービス詳細

③ 将来展望

パワポ活用シーン

「サービスの紹介」も企業活動の様々な場面でおこなわれるため、汎用的に用いることができます。

●アウトライン

3枚という制限の中でサービス概要、サービス詳細（利用実例、ユーザーの声）、将来展望に絞っています。必須なのは画面イメージなどを擁するサービス概要です。

●ポイント

3枚の中で端的にまとめた好例です。「料金体系」などを入れることもありますが、投資家が求めていない情報なので割愛したと推測されます。

企業概要

(Company Details)

インターネット社会において、デザインとテクノロジーを駆使して、「いい未来をつくる」ことを理念としたテクノロジー企業。タブレット POS「スマレジ」をはじめとするクラウドサービスを開発、提供している。

① 企業概要

② 事業ポートフォリオ

③ 事業概要

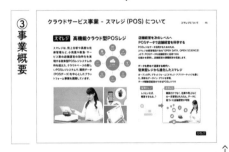

④ 事業詳細

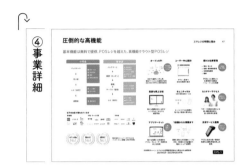

⑤ 競争優位性

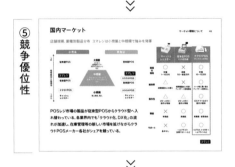

⑥ 市況

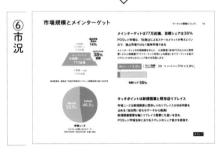

パワポ活用シーン

「企業の概要」の説明は多くの場で求められ、小規模なチーム紹介資料にも応用できます。

● アウトライン

最初の企業概要と事業ポートフォリオは必須です。続く事業概要（サービス概要）、事業詳細（ビジネスモデル）、競争優位性（国内マーケットにおける立ち位置）、市況（市場規模とターゲット）は、あればよいという位置づけになります。

● ポイント

事業ポートフォリオで紹介した多くのサービスから、受け手の混乱を防ぐために、あえてメインのサービスのみを紹介しています。

企業概要のスライドは一目で分かりやすいものが多いため、他の資料でも活用しやすいです。特に丁寧に作りましょう。

競争優位性（自社の特長）

▶▶ 株式会社CaSy

Company Details

「笑顔の暮らしを、あたりまえにする。」をビジョンに掲げるテクノロジー企業。掃除代行、料理代行、ハウスクリーニング等を専用のスマホアプリで利用できるサービス「CaSy」を開発、提供している。

① 強みの概要

② 強みの詳細
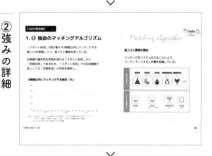

③ 強みの概要

④ 競合比較

パワポ活用シーン

ベンチャー企業のピッチ資料や、社内の新規事業提案にも使えます。

● アウトライン

　競合との差を示すには、「他社と比較して優れている点を示す」方法と、「自社が絶対的に優れていることを示す」方法の二つがあります。

　この資料は「強み」を幾つもの角度から説明しています。自社の絶対的な強みを示すことは、仮想敵を示しにくい状況でも有効です。

● ポイント

　競合比較のスライド（星取表）は客観的な項目が指標となるため、説得力を出すにはある方が心強い一枚です。

　新規事業や資金調達に関する資料では「なぜうまくいくのか」という問いかけに直接的に答えられるため、特に有効です。

成長戦略（詳細）

① ディバイダー

② 事業ポートフォリオ

③ サービスポートフォリオ

④ 成長戦略概要
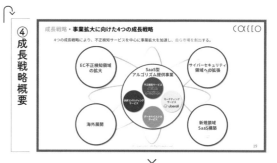

⑤ 戦略詳細

パワポ活用シーン

規模の大小に関わらず、企業はもちろん一部署でも、広い展望を示したいときに使えます。特にベンチャー企業などが、現状よりも業績が上向くことを示すのに有効な資料です。

● アウトライン

　具体的な戦略を紹介する前に、事業ポートフォリオ、サービスポートフォリオを示しています。この2枚を入れず、いきなり戦略を説明しても問題ないのですが、この前置きによって「既存のどの事業が、どの戦略に紐づくか」が理解されます。

　続いて、具体的な成長戦略概要がキャッチーな画面で紹介されます。

　4個の戦略に4枚を費やし、それぞれの戦略詳細を示しています。各戦略ともそれぞれの事業

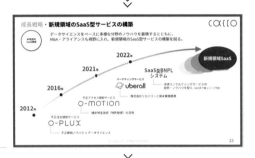

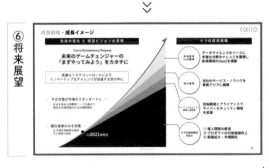

⑥将来展望

⑦市況

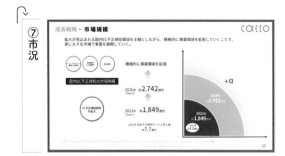

（サービス）のロゴを用いて、既存のサービスがどのように活用されるのかを丁寧に記載し、実感できる構成になっています。ここで、最初の2枚のポートフォリオが生きるわけです。

この後で、将来展望が提示されます。長期的な売上高の見込みを正確に算出するのは極めて困難ですが、戦略には目標が不可欠です。中長期目標としては、指針レベルでも問題ないでしょう。

最後の市況は、大きく掲げた成長目標の裏付け（実現可能性）を担保します。

● **ポイント**

戦略がなければ戦術は決定できず、戦術が決定できなければ具体的で秩序だった行動を起こせません。更に、戦略が分からない企業や事業に投資したり協業したりする人はいないでしょう。

最終的な事業規模を見せる将来展望は必須です。

● **プラスα**

成長戦略概要が最も大事なので、簡略にまとめるなら戦略詳細を省くことになるでしょう。

成長戦略（簡易）

▶▶ **株式会社マネーフォワード**

Company Details

PFMサービスおよびクラウドサービスを開発する企業。個人向けの資産管理・家計管理ツール「マネーフォワード ME」や、法人・個人事業主向けの「マネーフォワード クラウド」などの提供をおこなっている。

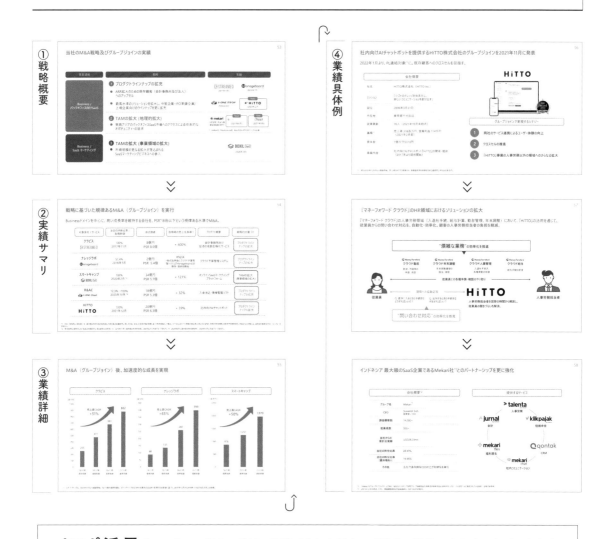

① 戦略概要

② 実績サマリ

③ 業績詳細

④ 業績具体例

パワポ活用シーン

過去の業績に裏付けされた種々の「戦略・戦術」を示すことができます。

●アウトライン

実績を見せ「成功しているから戦略を継続する」という論理で、「今後の方針」を端的に表しています。最も大事な戦略概要、その方針に基づく実績サマリ、業績詳細（KPIの変化）を示し、幾つか業績具体例を深掘りし、

方針の妥当性を納得させます。PDCAのように過去の実績を踏まえてPlanを示す資料です。

●ポイント

M&A戦略に関しては具体的な予定を示しづらいため、過去の行動の妥当性を示しています。

市場環境

▶▶ スパイダープラス株式会社

(Company Details)　図面や写真をiPad/iPhone等で管理できる建設業、メンテナンス業向けアプリ「SPIDERPLUS」の開発、販売をおこなう企業。2021年3月に建設DX銘柄史上初の上場を果たし、事業拡大を続けている。

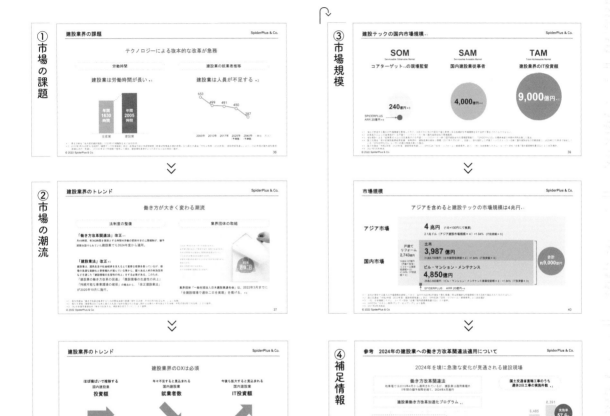

① 市場の課題
② 市場の潮流
③ 市場規模
④ 補足情報

Chapter 4　パワポ資料「ストーリー」の作り方

パワポ活用シーン　市場の課題を示す必要がある新規事業やベンチャー企業に使えます。

●アウトライン

まず市場の課題があり、その課題に対する市場の潮流（方向性）を示しています。これは規模の推移だけではなく、時流を示す意味でも重要です。

その後、市場規模がSOM・SAM・TAMで網羅され、最後に補足情報で法制度を押さえます。

●ポイント

定量的に納得できる裏付けを示すことが難しい市場の課題のスライドが、資料全体に良い流れを作っています。

効果的な強調の仕方を知ろう

「ここを強調したい！」という箇所はハイライトしましょう。雑誌やウェブなどでも色々と魅力的な強調手法を目にしますが、そのままそっくりパワーポイントでの資料作りに流用するのは考えものです。パワポ資料には、パワポ資料に合ったハイライトがあります。

● **枠で囲む**
ピンク寄りの赤の枠がお勧め。赤が強すぎると毒々しくなります。

● **太字にする**
ショートカット（⌘＋B、Ctrl＋B）があるので、他の手法よりも簡単です。

● **字を大きくする**
太字にするより少し手間ですが、かなり見やすくなります。

	A	B	C
価格	○	×	○
操作性	△	○	○
機能性	○	×	△
サポート	×	△	◎

サポート態勢は平均86点/100点の評価！

　印刷物ではよく見る「文字に下線や波線を引く」「文字の背景に薄い網を敷く」などの手法はお勧めしません。パワポは表や四角形のオブジェクトなどで横の線が多くなりがちで、実際に線が引かれていなくても、受け手は横のラインを意識します。

> 下線を引くのは、横のラインがうるさく感じられ、点線のような破線や、このような波線も、パワポでは効果的でない可能性があります。
> 網を敷くのも読みにくくなる場合があります。

おわりに

　本書を最後までお読みいただき、ありがとうございました。最初から最後まで通してお読みくださった方も、またパラパラとカタログのようにご覧くださった方もいると思いますが、いずれにしてもパワーポイント資料の作り方を、個別の具体的なスライド例をベースにご理解いただけたと思っております。

　Prologueでは幾つかの企業の特徴を表すスライドを、Chapter1では資料作成の前提となる知識を、Chapter2ではパーツを意識した個別のスライドを、Chapter3では色の構成を、そしてChapter4では資料全体の流れをそれぞれ見てきました。本書の全体を通じて、資料作成のノウハウを肌で感じられたのではないかと思っております。

　パワーポイント資料全体に伝えるべきメッセージがあり、それを伝えるためにはどのようなストーリーが必要で、そのストーリーを分解するとどのようなセグメントになり、そのセグメントにまた小さなストーリーがあり、それは個々のスライドによって構成される……というように、順を追って資料は構築されるのが理想です。

　紹介できたスライドには限りがありますが、作り方に関する考え方は、どのような資料を作るにせよ共通しています。本書は、それぞれの例からエッセンスを抽出して吸収することで、バランスのとれた資料全体を作る技法を学べるように書いたつもりです。

　末筆になりますが、快く資料掲載の許諾をくださった企業の皆様に、この場をお借りして感謝申し上げます。

協力企業（資料名・掲載ページ）一覧 （企業名は50音順、abc順）

株式会社アクリート

2021年12月期決算説明会資料
60下、91上、96上、156上

株式会社アシロ

22年10月期（FY2022）2Q決算説明資料
24上、60上、87上、160下

株式会社アトラエ

2021年9月期 通期決算説明資料
56下、78上、117上、138下、158上、179

ウェルスナビ株式会社

2021年12月期 通期決算説明資料
74下、77上、82下、85上、91下、93上、101下、105上、108下、
128下、155上

ウォンテッドリー株式会社

2021年8月期 決算説明
68上、81下、107上、114上、126下、156下

株式会社エイチーム

FY2022 Q3 決算説明資料
98下、113下、137下、169上

かっこ株式会社

2021年12月期 通期決算説明資料、
2022年12月期 第3四半期 決算説明資料
59下、88下、95下、97下、109上、110下、118上、140上、154上、
170、174、175、182、183

株式会社グッドパッチ

2021年8月期 通期決算説明資料
8、9、62上、86下、94上、134下

株式会社サーキュレーション

2021年7月期 通期決算説明資料
14、15、88上、114下、133下

サークレイス株式会社

事業計画及び成長可能性に関する事項 2022年5月
2023年3月期第2四半期 決算説明資料
20、67上、68下、90下、153上

株式会社サイバーエージェント　FY2021 Presentation Material October 2020 to September 2021
16、17、78下、90上

シェアリングテクノロジー株式会社　2021年9月期 決算説明資料
121上、123下、163下

スパイダープラス株式会社　FY2021 決算説明資料
104上、111下、117下、124上、125下、130上、144上、161、185

株式会社スペースマーケット　2021年12月期 決算説明資料
71上、86上、121下、130下、143上、157下

株式会社スマレジ　第17期 通期決算説明資料FY2022＋事業計画及び
成長可能性に関する事項
79下、100下、132下、144下、167上、180

ソフトバンクグループ株式会社　2022年3月期 決算説明会
23、27、75下、154下

株式会社ディー・エヌ・エー　2022年3月期 通期決算説明会
57上、104下、160上

株式会社博展　2022年3月期 決算説明資料
32中央、54上、82上、98上、166下

フィードフォースグループ株式会社　2022年5月期 決算説明資料
136下、147下、158下

フォースタートアップス株式会社　FY2022 4Q FINANCIAL RESULTS
25、61上、65上、76下、77下、92上、112下、115上、120下、
147上、157上

弁護士ドットコム株式会社   2022年3月期 決算説明資料
57下、73上、119上、122下、124下、127下、139下、142下、146下、
162下、176、177

株式会社ボードルア   2022年2月期 第4四半期および通期決算補足説明資料
56上、63下、64上、70下、100上、103上、162上

星野リゾート・リート投資法人   2022年4月期（第18期）決算説明資料
55上、64下、116上、138上、141下、169下

株式会社マクアケ   2021年9月期 決算説明資料
58上、84上、97上、102下、131上、168上

株式会社マネーフォワード   2021年11月期 通期決算説明資料
18、19、79上、89上、101上、122上、129下、131下、135下、
136上、145下、184

株式会社メルカリ   FY2022.6 Sustainability Report
84下、159下

株式会社ヤプリ   決算説明会資料（2022年12月期 第2四半期）
32下、72上、74上、106下、112上、116下、127上、132上、155下

ラクスル株式会社   2021年7月期決算説明会資料第一部：
2021年7月期業績及び2022年7月期業績予想
73下、80上、87下、148、167下

株式会社CaSy   事業計画及び成長可能性に関する説明資料
95上、102上、111上、113上、163上、181

ENECHANGE株式会社   2022年12月期 第2四半期決算説明会資料
53上、55下、85下、94下、115下、118下、126上、135上、164下、
178

株式会社GA technologies　　　　2021年10月期 通期決算説明資料
　　　　　　　　　　　　　　　　10、11、105下、129上、141上、142上

株式会社Gunosy　　　　　　　　2022年5月期 決算説明資料
　　　　　　　　　　　　　　　　24下、96下、134上、168下

HENNGE株式会社　　　　　　　2021年9月期 通期決算説明資料
　　　　　　　　　　　　　　　　32上、69上、81上、108上、119下、166上

株式会社i-plug　　　　　　　　　2022年 3月期 決算説明資料
　　　　　　　　　　　　　　　　80下、89下、110上、153下

株式会社Kaizen Platform　　　　2022年12月期 第2四半期決算説明資料
　　　　　　　　　　　　　　　　83下、133上、143下、159上

Sansan株式会社　　　　　　　　2022年5月期 通期決算説明資料
　　　　　　　　　　　　　　　　53下、58下、93下、106上、107下、123上、125上、128上、137上、
　　　　　　　　　　　　　　　　152下

株式会社SHIFT　　　　　　　　2021年8月期第4四半期および通期決算説明会資料
　　　　　　　　　　　　　　　　12、13、61下、65下、69下、71下、72下、75上、99上、103下、
　　　　　　　　　　　　　　　　109下、139上、165下

株式会社TORICO　　　　　　　2022年3月期 決算説明資料事業計画及び成長可能性に関する事項
　　　　　　　　　　　　　　　　62下、66上、92下、99下、140下、146上、164上

UUUM株式会社　　　　　　　　2022年5月期通期決算説明および
　　　　　　　　　　　　　　　　今後の事業計画や成長可能性について
　　　　　　　　　　　　　　　　54下、59上、67下、70上、76上、120上、145上、152上

Zホールディングス株式会社　　　2022年度第1四半期 決算説明会
　　　　　　　　　　　　　　　　63上、66下、83上、165上

パワポ研

資料デザインのリサーチや分析に取り組むパワーポイントのスペシャリスト集団。起業家やコンサル出身者などが、実際のビジネスの現場で経験した資料作成に関する悩みを共有し合うなかで組織化された。上場企業のIR資料の紹介を中心に、ビジネスパーソンに向けたコンテンツを日々配信しており、Twitterのフォロワー数は３万人を超える（2022年12月31日現在）。また、noteにおいてスライド作成のノウハウや使える素材サイト等の解説をおこない、好評を博している。様々な公開資料やテンプレートを研究するなかで得た知見をもとに、資料作成の時間を短縮するための「オリジナルテンプレート」を開発・販売しており、大企業のビジネスパーソンを中心に愛好者が増加中。

注目企業の実例から学ぶパワポ作成術

2023年１月26日　初版発行
2024年11月５日　３版発行

著者　　パワポ研
発行者　山下直久
発行　　株式会社KADOKAWA
　　　　〒102-8177　東京都千代田区富士見２-13-3
　　　　電話　0570-002-301（ナビダイヤル）
印刷所　大日本印刷株式会社